Türkei

ZABERT
SANDMANN

Inhalt

Die Türkei lädt ein
Orientalische Gaumenfreuden

Die Türkei kann auf eine glanzvolle Geschichte zurückblicken, die ihren Niederschlag auch in der Küche gefunden hat: Diese vereint die Kochtraditionen aus den verschiedensten Kulturen und schlägt die kulinarische Brücke zwischen Orient und Okzident. Da verwundert es nicht, dass die türkische Küche als eine der besten und abwechslungsreichsten der Welt gilt und von Kennern gern in einem Atemzug mit der fanzösischen und chinesischen Küche genannt wird. Eine Besonderheit der türkischen Küche ist die große Auswahl an Meze (wörtlich übersetzt: angenehmer Geschmack), kalten und warmen Vorspeisen, die so vielfältig und köstlich sind, dass man sich am liebsten an ihnen satt essen möchte. Aber da gibt es ja noch knusprige Teigpasteten, würzige Grill- und Fischspezialitäten und nicht zu vergessen sirupgetränkte Süßigkeiten, denen Naschkatzen einfach nicht widerstehen können. Und auch wer vegetarische Gerichte bevorzugt, findet in der türkischen Küche die schönsten Anregungen. Für eine besondere Note sorgen frische Kräuter und Gewürze wie Zimt, Kreuzkümmel oder Paprika. Ein Ausflug in die türkische Küche ist deshalb auch immer ein Fest für die Sinne. Und wer die köstlichen Spezialitäten zu Hause nachkocht, kann Urlaubsfeeling und Sommerlaune gleich mitgenießen!

1

GRANATÄPFEL (links) kommen ursprünglich aus Persien. In der türkischen Küche werden die feinsäuerlichen Kerne für Nachspeisen, Salate und Reisgerichte verwendet. Der Saft kann wie bei einer Orange ausgepresst werden. Aus den Kernen wird Sirup (Pekmez) hergestellt.

1 **SPITZPAPRIKASCHOTEN** sind eher mild im Geschmack und kommen sowohl roh als auch gegart zum Einsatz. Runde und größere Paprikaschoten lassen sich auf vielfältige Weise füllen.

2 **BULGUR** ist vorgegarter, fein oder grob geschroteter Weizen. Er zählt in der Türkei zu den Grundnahrungsmitteln und ersetzt vor allem bei der Landbevölkerung den teureren Reis.

2

3

3 **AUBERGINEN** sind das Lieblingsgemüse der türkischen Küche, sie werden auch »Fleisch des kleinen Mannes« genannt. Es gibt unzählige Größen, Formen und Zubereitungsarten. Zum Füllen sind längliche Auberginen ideal.

4 **KICHERERBSEN** gibt es getrocknet und gegart aus der Dose. Die getrockneten Hülsenfrüchte müssen über Nacht eingeweicht und dann gekocht werden. Kichererbsen schmecken als Suppe, Püree, Eintopf und im Salat.

5 **MINZE** hat einen leicht pfeffrigen Geschmack und ein erfrischendes Aroma. In der Türkei verfeinert das Kraut süße und pikante Speisen.

6 **KREUZKÜMMEL** schmeckt scharf würzig. Die Samen werden ganz oder gemahlen verwendet und eignen sich wegen ihrer verdauungsfördernden Eigenschaften vor allem für Gerichte mit Hülsenfrüchten.

4

6

5

7 **PISTAZIEN** kommen wegen ihrer grünlichen Farbe und ihres mandelähnlichen Geschmacks in viele Desserts. Geröstet und gesalzen sind sie eine beliebte Knabberei.

7

JOGHURT spielt eine große Rolle in der türkischen Küche, häufig wird er aus Schafsmilch hergestellt. Es gibt festen Joghurt, der als Basis für die meisten Saucen dient. Der cremigere eignet sich für Dips mit Knoblauch und Kräutern und schmeckt wunderbar mit Zimt und Honig.

KÄSE wird in der Türkei meist aus Kuh- oder Schafmilch hergestellt. Der beliebte weiße Käse kommt in Blöcken in Salzlake eingelegt in den Handel. Feta ist ein guter Ersatz.

OLIVEN gibt es in der Türkei schon zum Frühstück, meist mit Käse. Sie schmecken aber auch den Rest des Tages und zu jeder Gelegenheit: ob zu Meze mit Zitronensaft oder über einen Salat gestreut.

PAPRIKAPULVER ist das am häufigsten verwendete Gewürz in der türkischen Küche. Es gibt Paprikapulver in allen Aromen von süßlich bis scharf.

WEINBLÄTTER bekommt man bei uns nur selten frisch, sondern meist eingelegt. Sie müssen dann gut gewässert werden, um das Salz zu entfernen. Mit Reis gefüllte Weinblätter sind berühmt.

YUFKA-TEIG ist ein hauchdünner Strudelteig, der für pikante wie süße Backwaren verwendet wird und sich gut füllen lässt. Die Teigplatten, die man hier bekommt, sind vorgebacken und sollten vor dem Verwenden angefeuchtet werden.

Step by Step

Gefüllt, gerollt und gebacken

Türkisch kochen ist im Prinzip ganz einfach, die meisten Rezepte sind unkompliziert und leicht nachzuvollziehen. Der köstliche Geschmack basiert mehr auf der Qualität der verwendeten Zutaten als auf aufwendigen Zubereitungsmethoden. Glücklicherweise gibt es bei uns fast überall türkische Lebensmittelläden, in denen man auch etwas ungewöhnlichere Zutaten wie Pekmez (Fruchtsirup) bekommt. Weltberühmt sind die türkischen Vorspeisen, allen voran gefüllte Weinblätter, die man ganz leicht selbst machen kann. Etwas Übung erfordert hingegen der Umgang mit Granatäpfeln, deren feinsäuerliche Kerne nicht nur pikante, sondern auch süße Speisen verfeinern. Um Fische aromaschonend zu garen, hüllt man sie auch in der türkischen Küche gern in einen Salzmantel ein: Allein das Aufbrechen der Kruste am Tisch ist ein Erlebnis für sich. Süßspeisen sind ein besonderes Kapitel, die Auswahl an Gebäck, Zuckerwerk und Pudding ist fast grenzenlos. Zu den Klassikern zählen »Frauennabel«: Das Gebäck wird nach dem Frittieren in Sirup getaucht und mit Pistazien garniert.

Frauennabel backen

1 Für den Teig in einem Topf 1/4 l Wasser, 50 g Butter und 1 Prise Salz aufkochen. 150 g Mehl auf einen Teller sieben.

2 Das Mehl auf einmal in den Topf schütten und gut unterrühren, bis ein zäher Teig entsteht. Der Teig soll sich als Kloß vom Topfboden lösen.

3 Den Teig kurz abkühlen lassen und 2 Eier unterrühren. Jeweils 1 knappen EL Teig abnehmen und mit leicht eingeölten Händen zu einer Kugel formen.

4 Die Teigkugeln etwas flach drücken und in die Mitte mit dem Zeigefinger einen »Nabel« eindrücken.

5 In einem hohen Topf 1/2 l Öl stark erhitzen und die Teigstücke darin portionsweise goldgelb frittieren.

6 Gebackene »Frauennabel« mit dem Schaumlöffel aus dem Fett heben und auf Küchenpapier abtropfen lassen.

Weinblätter füllen

1 Eingelegte Weinblätter kalt abbrausen und trocken tupfen. Frische Blätter etwa 20 Minuten blanchieren und mit dem Schaumlöffel vorsichtig herausheben.

2 Die Weinblätter mit der Rückseite nach oben auf die Arbeitsfläche legen. Auf jedes Weinblatt am Stielansatz 1 bis 2 EL Füllung geben.

3 Die Blattseiten nach innen über die Füllung schlagen und die Weinblätter zur Spitze hin fest aufrollen.

4 Weinblätter mit den Öffnungen nach unten in einen Topf legen. So viel Wasser angießen, dass sie knapp bedeckt sind. Bei schwacher Hitze etwa 40 Minuten garen.

Granatäpfel vorbereiten

1 Den Stielansatz des Granatapfels so großzügig herausschneiden, dass man die Frucht mit den Händen auseinanderbrechen kann.

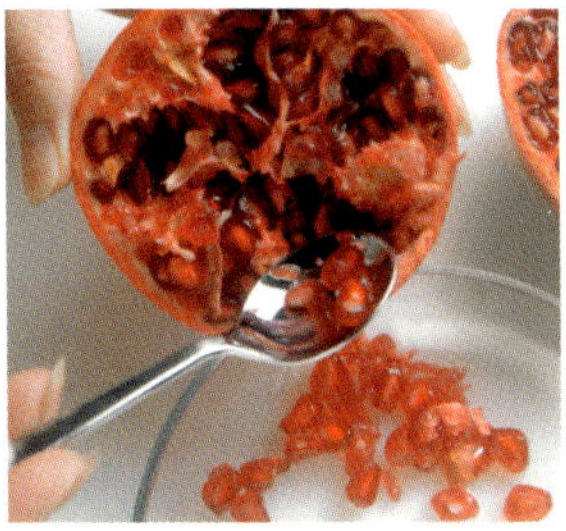

2 Den Granatapfel mit einer kraftvollen Bewegung auseinanderbrechen und die Kerne mit einem Löffel aus den Hälften lösen.

Fisch in Salzkruste zubereiten

1 Für eine Salzkruste die Eiweiße in einer Schüssel schaumig schlagen. Meersalz, Mehl und Speisestärke unter die Eiweiße rühren.

2 Knapp die Hälfte der Salzmasse auf das Backblech geben und einen Sockel formen, der etwas größer als der Fisch ist.

3 Den küchenfertigen Fisch auf den Salzsockel legen und mit der restlichen Salzmasse bedecken. Den Fisch nach Rezept im Ofen garen.

4 Die Salzkruste erst am Tisch mit einem Hammer aufklopfen oder mit einem großen Messer einen Deckel abschneiden. Die Haut entfernen und den Fisch filetieren.

Vorspeisen & Suppen

Chili-Tomaten-Dip
und Auberginenpüree

Hoch lebe die Gastfreundschaft: Mit diesen würzigen Vorspeisen lässt sich das Warten auf den Hauptgang genüsslich überbrücken

Zutaten

Für den Chili-Tomaten-Dip:

1 Zwiebel

3 Knoblauchzehen

2 grüne Chilischoten

1 großes Bund Petersilie

3 EL Tomatenmark

1 EL Olivenöl

Saft und abgeriebene Schale von 1/2 unbehandelten Zitrone

Salz · Pfeffer aus der Mühle

Für das Auberginenpüree:

2 Auberginen

1 EL Olivenöl

Saft von 1/2 Zitrone

2 Knoblauchzehen

3 EL cremiger Joghurt (6–10 % Fett i. Tr.)

1 EL Pekmez (Fruchtsirup)

Salz · Pfeffer aus der Mühle

2–3 EL geröstete Mandeln (nach Belieben grob gehackt)

Zubereitung

FÜR JE 4 PERSONEN

1 Für den Chili-Tomaten-Dip die Zwiebel und den Knoblauch schälen, die Zwiebel in grobe, den Knoblauch in feine Würfel schneiden. Die Chilischoten längs halbieren, entkernen, waschen und ebenfalls in feine Würfel schneiden. Die Petersilie waschen und trocken schütteln, die Blätter abzupfen und grob hacken.

2 Das Tomatenmark mit dem Olivenöl zu einer glatten Masse verrühren. Zwiebel, Knoblauch und Chili sowie den Zitronensaft und die -schale unterrühren. Den Dip mit Salz und Pfeffer abschmecken und ein Großteil der Petersilie untermischen. Den Chili-Tomaten-Dip mit der restlichen Petersilie garniert servieren.

3 Für das Auberginenpüree den Backofen auf 160 °C vorheizen und ein Backblech mit Backpapier auslegen. Die Auberginen waschen und trocken reiben, mit einer Gabel mehrmals einstechen und mit Olivenöl bestreichen. Die Auberginen im Ofen auf der mittleren Schiene so lange garen, bis die Haut Blasen wirft und das Fruchtfleisch weich ist. Mit einem feuchten Küchentuch bedecken und 5 Minuten ruhen lassen, dann häuten und die Stielansätze entfernen.

4 Das Auberginenfruchtfleisch fein hacken, in eine Schüssel geben und sofort mit dem Zitronensaft mischen. Den Knoblauch schälen, in feine Würfel schneiden und dazugeben. Den Joghurt mit Pekmez verrühren und unter das Auberginenpüree mischen, das Püree mit Salz und Pfeffer abschmecken. Das Auberginenpüree mit den Mandeln und nach Belieben mit Minzeblättern garnieren und noch warm servieren.

Spinatsalat
und Rote-Bete-Salat

Erfrischend und cremig: Leichte Gemüsesalate sind nicht nur als Vorspeise, sondern auch als Sommersnack einfach unschlagbar

Zutaten

Für den Spinatsalat:

500 g junger Blattspinat

250 g cremiger Joghurt (6–10 % Fett i. Tr.)

4 EL Olivenöl

2–3 EL Zitronensaft

Salz · Pfeffer aus der Mühle

1 Msp. gemahlener Piment

1/2 TL Zucker

Für den Rote-Bete-Salat:

1 kg Rote Beten

2 Knoblauchzehen

200 g cremiger Joghurt (6–10 % Fett i. Tr.)

175 g stichfester Joghurt (3,5 % Fett i. Tr.)

3 EL Zitronensaft

Salz · Pfeffer aus der Mühle

Zubereitung

FÜR JE 4 PERSONEN

1 Für den Spinatsalat den Spinat verlesen, waschen und abtropfen lassen, grobe Stiele entfernen und die Blätter hacken. Den Spinat in einer Pfanne ohne Fett zugedeckt bei starker Hitze 2 bis 3 Minuten zusammenfallen lassen. Dann den Spinat offen weiterdünsten, bis die Flüssigkeit verdampft ist. Den Spinat in eine Schüssel geben und abkühlen lassen.

2 Den Joghurt mit 2 EL Olivenöl, dem Zitronensaft, Salz, Pfeffer, Piment und Zucker verrühren und unter den Spinat mischen. Den Spinatsalat abschmecken, auf einer Platte oder in Schälchen anrichten und mit dem restlichen Olivenöl beträufeln. Nach Belieben mit Petersilie garniert servieren.

3 Für den Rote-Bete-Salat die Knollen waschen, in einen Topf geben und gut mit Wasser bedecken. Zugedeckt bei mittlerer Hitze je nach Größe 45 bis 60 Minuten garen.

4 Die Roten Beten abgießen und in kaltem Wasser abkühlen lassen. Die Knollen schälen und auf der Gemüsereibe grob raspeln (weil der Saft stark abfärbt, empfiehlt es sich, Einweghandschuhe zu tragen).

5 Den Knoblauch schälen und in feine Würfel schneiden. Die beiden Joghurtsorten in einer Schüssel mit dem Knoblauch und dem Zitronensaft verrühren, mit Salz und Pfeffer würzen. Die Roten Beten untermischen, den Salat abschmecken und mindestens 30 Minuten kühl stellen. Nach Belieben mit Petersilie garniert servieren.

Humus
mit Kreuzkümmel

Zutaten

250 g getrocknete Kichererbsen

2 Knoblauchzehen · Salz

2 Zitronen

150 g Tahin (Sesampaste)

1/4 TL gemahlener Kreuzkümmel

8 EL eingelegte Oliven

Rucolablätter zum Garnieren

Zubereitung

FÜR 4 PERSONEN

1 Am Vortag die Kichererbsen mit kaltem Wasser bedecken und über Nacht einweichen. Am nächsten Tag die Kichererbsen in ein Sieb abgießen, kalt abbrausen, abtropfen lassen und in einem Topf mit Wasser bedeckt bei schwacher Hitze etwa 40 Minuten köcheln lassen.

2 Die Kichererbsen in ein Sieb abgießen, kalt abbrausen und abtropfen lassen. In einer Schüssel mit dem Stabmixer pürieren. Den Knoblauch schälen, im Mörser mit etwas Salz fein zerreiben und unter das Kichererbsenmus mischen. Die Zitronen auspressen. Das Kichererbsenmus mit dem Zitronensaft, der Sesampaste und dem Kreuzkümmel mischen. Humus mit Salz abschmecken und zugedeckt im Kühlschrank etwa 30 Minuten durchziehen lassen.

3 Humus mit den Oliven nach Belieben auf gerösteten Fladenbroten anrichten und mit dem Rucola garniert servieren. Sollte das Kichererbsenmus zu dickflüssig sein, etwas Wasser unterrühren, um es geschmeidig zu machen.

Gebratenes Gemüse
auf Knoblauchjoghurt

Zutaten

1 kleine Aubergine
1 rote Paprikaschote
2 EL Olivenöl
1 getrocknete rote Chilischote
1 TL Koriandersamen
Salz · Pfeffer aus der Mühle
2 EL Öl
2 TL Paprikapulver (rosenscharf)
300 g cremiger Joghurt (6–10 % Fett i. Tr.)
3 Knoblauchzehen
1 EL gehackte Petersilie

Zubereitung

FÜR 4 PERSONEN

1 Die Aubergine putzen, waschen und längs in möglichst dünne Scheiben hobeln. Die Paprikaschote längs halbieren, entkernen, waschen und in feine Streifen schneiden. Das Olivenöl in einer Pfanne erhitzen und das vorbereitete Gemüse darin unter Rühren bei mittlerer Hitze etwa 8 Minuten braten, bis es leicht gebräunt ist. Die Pfanne vom Herd nehmen.

2 Die Chilischote und den Koriander mit etwas Salz und Pfeffer im Mörser zerstoßen und unter das Gemüse rühren.

3 Das Öl mit dem Paprikapulver in einer kleinen Pfanne langsam erhitzen, bis sich das Öl rot färbt. Den Joghurt mit etwas Salz verrühren. Den Knoblauch schälen, in feine Würfel schneiden und unterrühren.

4 Zum Servieren den Joghurt auf Teller verteilen und das gebratene Gemüse darauf anrichten. Mit dem Paprikaöl beträufeln, mit der Petersilie bestreuen und lauwarm servieren. Nach Belieben Fladenbrot dazu reichen.

Tomaten-Paprika-Salat
und zweierlei Pürees

Kleine Gaumenfreuden: Dass Vorspeisen in der Türkei Meze, »angenehmer Geschmack«, heißen, kommt nicht von ungefähr

Zutaten

Für den Tomatensalat:

4 Tomaten

4 hellgrüne Spitzpaprikaschoten

2 Knoblauchzehen

3 EL Olivenöl

Saft von 1/2 Zitrone

Salz · Pfeffer aus der Mühle

gemahlener Kreuzkümmel

Für das Bohnenpüree:

250 g getrocknete weiße Riesenbohnen

2 Knoblauchzehen · Salz

3 EL Olivenöl

1 TL Paprikapulver (edelsüß)

gemahlener Kreuzkümmel

Zitronensaft

Für das Auberginenpüree:

2 Auberginen · Salz

4 Tomaten

2 Knoblauchzehen

3 EL Olivenöl

1 TL Paprikapulver (edelsüß)

gemahlener Kreuzkümmel

4 EL gehackte Petersilie

Zitronensaft · Cayennepfeffer

Zubereitung

FÜR JE 4 PERSONEN

1 Für den Tomatensalat die Tomaten waschen, vierteln und entkernen. Die Paprikaschoten längs halbieren, entkernen und waschen, beides in kleine Würfel schneiden. Den Knoblauch schälen und in feine Würfel schneiden. Tomaten, Paprika und Knoblauch in eine Schüssel geben, das Olivenöl und den Zitronensaft dazugeben und alles gut mischen. Mit Salz, Pfeffer und Kreuzkümmel würzen.

2 Für das Bohnenpüree am Vortag die Bohnen mit kaltem Wasser bedecken und über Nacht einweichen. Am nächsten Tag in ein Sieb abgießen und in einem Topf mit Wasser bedeckt aufkochen, dabei den entstehenden Schaum abschöpfen. Den geschälten Knoblauch und Salz hinzufügen und die Bohnen offen 30 Minuten kochen. Dann zugedeckt bei schwacher Hitze etwa 30 Minuten weich garen. In ein Sieb abgießen und abtropfen lassen, dabei den Knoblauch entfernen.

3 Das Olivenöl in einer Pfanne erhitzen, die Bohnen hinzufügen, mit dem Paprikapulver bestäuben und etwa 10 Minuten andünsten. Die Bohnen mit einer Gabel zerdrücken und zu einem Brei verrühren, das Bohnenpüree mit Salz, Kreuzkümmel und Zitronensaft abschmecken.

4 Für das Auberginenpüree die Auberginen putzen, waschen, in kleine Würfel schneiden und in kochendem Salzwasser etwa 10 Minuten blanchieren. In ein Sieb abgießen und abtropfen lassen. Die Tomaten kreuzweise einritzen, überbrühen, häuten, vierteln, entkernen und ebenfalls in kleine Würfel schneiden.

5 Den Knoblauch schälen und in feine Würfel schneiden. Das Olivenöl in einer Pfanne erhitzen, Knoblauch und Auberginen darin andünsten. Paprikapulver und Kreuzkümmel hinzufügen und die Tomaten untermischen. Unter gelegentlichem Rühren etwa 5 Minuten zu einem Brei einköcheln lassen. Die Petersilie dazugeben, mit Zitronensaft, Salz und Cayennepfeffer würzen.

Bulgursalat
mit Gurke und Tomaten

So schmeckt der Sommer: Bei diesem bunten Salat aus Weizengrütze wird mit aromatischen Kräutern nicht gespart

Zutaten

250 g fein geschroteter Bulgur
Saft von 1/2 Zitrone
1/2 l Gemüsebrühe
100 g getrocknete Tomaten (in Öl eingelegt)
1 kleine Salatgurke
150 g Kichererbsen (aus der Dose)
3 Frühlingszwiebeln
je 1 Bund Petersilie und Minze
4 EL Olivenöl
4 EL Zitronensaft
Salz · Pfeffer aus der Mühle
4 Tomaten
200 g Schafskäse (Feta)

Zubereitung

FÜR 4 PERSONEN

1 Den Bulgur mit dem Zitronensaft und der Brühe aufkochen. Die Herdplatte ausschalten und den Bulgur zugedeckt 20 bis 30 Minuten quellen lassen.

2 Die getrockneten Tomaten hacken. Die Gurke schälen, längs halbieren und mit einem Löffel die Kerne entfernen. Die Gurkenhälften in kleine Würfel schneiden. Die Kichererbsen in ein Sieb abgießen und abtropfen lassen.

3 Die Frühlingszwiebeln putzen, waschen und in feine Ringe schneiden. Die Kräuter waschen und trocken schütteln, die Blätter abzupfen und fein hacken. Den Bulgur in einer großen Schüssel mit den vorbereiteten Zutaten mischen. Das Olivenöl mit Zitronensaft, Salz, Pfeffer und nach Belieben gemahlenem Kreuzkümmel verrühren und unter den Bulgursalat mischen. Den Salat kurz ziehen lassen und vor dem Servieren nochmals abschmecken.

4 Die Tomaten waschen und in Spalten schneiden, dabei die Stielansätze entfernen. Den Schafskäse mit einer Gabel grob zerbröckeln. Den Bulgursalat auf Schälchen verteilen und mit den Tomaten und dem Schafskäse anrichten.

Tipp

Wer es gern schärfer mag, mischt unter den Bulgursalat noch 1 in kleine Würfel geschnittene rote Chilischote. Das Dressing kann man zusätzlich mit 1 TL Tomatenmark abrunden.

Bohnensalat
mit Ei und roten Zwiebeln

Zutaten

250 g getrocknete weiße Riesenbohnen
2 Lorbeerblätter
4 EL Weißweinessig
1 TL Salz
Pfeffer aus der Mühle
6 EL Olivenöl
1 große rote Zwiebel
1 große Tomate
4 hart gekochte Eier
4 EL gehackte Petersilie

Zubereitung

FÜR 4 PERSONEN

1 Am Vortag die Bohnen mit reichlich kaltem Wasser bedecken und über Nacht einweichen. Am nächsten Tag in ein Sieb abgießen und in einem Topf mit Wasser bedeckt aufkochen, dabei den entstehenden Schaum abschöpfen. Die Lorbeerblätter dazugeben und die Bohnen offen 30 Minuten kochen. Dann zugedeckt bei schwacher Hitze weitere 30 Minuten garen, bis sie weich sind, aber nicht zerfallen. Die Bohnen im Sud abkühlen lassen, abgießen und abtropfen lassen. Die Lorbeerblätter entfernen.

2 In einer großen Schüssel Essig, Salz und Pfeffer verrühren. Das Olivenöl unterschlagen und die Bohnen untermischen. 1 Stunde durchziehen lassen, eventuell nochmals nachwürzen.

3 Die Zwiebel schälen und in schmale Streifen schneiden. Die Tomate waschen, vierteln und entkernen, das Fruchtfleisch in kleine Würfel schneiden. Die Eier pellen und in Spalten schneiden.

4 Die Bohnen auf einer Platte oder in Schälchen anrichten, die Zwiebelstreifen, die Tomatenwürfel, die Eier und die Petersilie darauf verteilen.

Hirtensalat

mit Schafskäse und Oliven

Zutaten

1 Salatgurke
4 Tomaten
1 Bund Frühlingszwiebeln
2 grüne Peperoni
1 Bund Petersilie
2–3 EL Weißweinessig
Salz · Pfeffer aus der Mühle
4 EL Olivenöl
200 g Schafskäse (Feta)
50 g schwarze oder grüne Oliven

Zubereitung

FÜR 4 PERSONEN

1 Die Gurke schälen und längs halbieren, mit einem Löffel die Kerne entfernen und die Gurkenhälften in kleine Würfel schneiden. Die Tomaten waschen, vierteln und entkernen, das Fruchtfleisch ebenfalls in kleine Würfel schneiden.

2 Die Frühlingszwiebeln putzen, waschen und in feine Ringe schneiden. Die Peperoni nach Belieben putzen, waschen und schräg in feine Ringe schneiden. Oder die Schoten längs halbieren, entkernen und in feine Streifen schneiden (dann schmecken sie milder). Die Petersilie waschen und trocken schütteln, die Blätter abzupfen und fein hacken. Alle Zutaten in einer großen Schüssel mischen.

3 Für die Marinade den Essig mit Salz und Pfeffer verrühren und das Olivenöl unterschlagen. Die Marinade über den Salat geben und untermischen. Den Schafskäse mit einer Gabel grob zerbröckeln und mit den Oliven über den Salat streuen. Den Hirtensalat nach Belieben mit Zitronenspalten servieren.

Zucchinipuffer
mit Schafskäsedip

Knuspriges aus der Pfanne: Wenn diese deftigen Gemüsepuffer auf den Tisch kommen, wird das Urlaubsfeeling gleich mitserviert

Zutaten

Für die Zucchinipuffer:

1 kg kleine Zucchini
Salz
3 Frühlingszwiebeln
je 1 Bund Petersilie und Dill
5 EL Mehl
3 Eier
Pfeffer aus der Mühle
ca. 100 ml Öl zum Braten

Für den Schafskäsedip:

100 g Schafskäse (Feta)
200 g cremiger Joghurt (6–10 % Fett i. Tr.)
3 Zweige Minze
1/2 TL abgeriebene unbehandelte Zitronenschale
Salz · Pfeffer aus der Mühle
2 EL Olivenöl

Zubereitung

FÜR 4 PERSONEN

1 Für die Zucchinipuffer die Zucchini putzen, waschen und auf der Gemüsereibe grob raspeln. 1 TL Salz untermischen und die Zucchiniraspel etwa 20 Minuten Saft ziehen lassen.

2 Die Zucchiniraspel auf einem Sieb abtropfen lassen, mit den Händen gut ausdrücken und in eine Schüssel geben. Die Frühlingszwiebeln putzen, waschen und in feine Ringe schneiden. Die Kräuter waschen und trocken schütteln, die Blätter bzw. Spitzen abzupfen und fein hacken. Das Mehl mit den Eiern verrühren, mit der Hälfte der Kräuter (die restlichen Kräuter für den Dip beiseitestellen) und den Frühlingszwiebeln unter die Zucchini mischen. Mit Salz und Pfeffer würzen.

3 In einer beschichteten Pfanne reichlich Öl erhitzen. Von der Zucchinimasse mit einem Esslöffel kleine Portionen abnehmen, als Küchlein in die Pfanne setzen und portionsweise auf beiden Seiten goldbraun braten. Die fertigen Zucchinipuffer auf Küchenpapier abtropfen lassen.

4 Für den Schafskäsedip den Schafskäse in einer Schüssel mit einer Gabel fein zerdrücken und den Joghurt unterrühren. Die Minze waschen und trocken schütteln, die Blätter abzupfen und fein hacken. Die Minze mit den beiseitegestellten Kräutern und der Zitronenschale unter den Schafskäse mischen. Mit Salz und Pfeffer kräftig würzen, mit dem Olivenöl beträufeln und zu den Zucchinipuffern servieren.

Tipp

Der Schafkäsedip schmeckt auch solo mit frisch gebackenem Fladenbrot (siehe Seite 127) sehr gut. Er eignet sich außerdem als pikanter Begleiter für Fleischspieße oder Hackfleischbällchen.

Weinblätter
mit Hackfleischfüllung

Gut gewickelt ist halb gewonnen: Gefüllte Weinblätter sind ideal, wenn gute Freunde und der kleine Hunger kommen

Zutaten

1 Tomate
2 Zwiebeln
80 g Rundkornreis
je 1/2 Bund Minze
und Dill
1 Bund Petersilie
2–3 EL Olivenöl
400 g Rinderhackfleisch
Salz · Pfeffer aus der Mühle
1 Msp. gemahlener Piment
300 g Weinblätter
(in Salzlake eingelegt)
4 EL Butter

Zubereitung

FÜR 4 PERSONEN

1 Für die Füllung die Tomate waschen, vierteln, entkernen und in kleine Würfel schneiden. Die Zwiebeln schälen und in feine Würfel schneiden. Den Reis in einem Sieb kalt abbrausen und abtropfen lassen. Die Kräuter waschen und trocken schütteln, die Blätter bzw. Spitzen abzupfen und fein hacken.

2 Das Olivenöl in einem Topf erhitzen und die Zwiebeln darin andünsten. Das Hackfleisch dazugeben und unter Rühren krümelig braten. Die Tomate und den Reis unterrühren und 2 Minuten mitdünsten. 100 ml Wasser hinzufügen und alles zugedeckt bei schwacher Hitze 10 Minuten köcheln lassen. Die Hackfleischmischung mit Salz, Pfeffer und Piment würzen und die Kräuter unterrühren.

3 Die Weinblätter kalt abbrausen und vorsichtig trocken tupfen. Den Boden eines weiten Topfs mit 3 bis 4 eingerissenen Weinblättern auslegen. Von den restlichen Blättern nach Belieben die Stiele abschneiden und die Blätter mit der Rückseite nach oben auf der Arbeitsfläche auslegen.

4 Auf jedes Weinblatt am Stielansatz 1 gehäuften EL Füllung geben. Die Füllung zu einem länglichen Laib formen, die Blattseiten nach innen über die Füllung schlagen und die Weinblätter zur Spitze hin aufrollen.

5 Die gefüllten Weinblätter mit den Öffnungen nach unten dicht nebeneinander auf den Topfboden legen. Die Butter in Flöckchen darübergeben und so viel Wasser angießen, dass die gefüllten Weinblätter gut bedeckt sind. Die Röllchen mit einem Teller beschweren und bei schwacher Hitze etwa 40 Minuten garen. Nach Belieben mit Knoblauchjoghurt servieren.

Blätterteigtaschen
mit Hackfleischfüllung

Biss für Biss ein Genuss: Knusprige Teigtaschen, in der Türkei als Meze serviert, sind auch auf dem Büfett ein echter Hingucker

Zutaten

450 g Blätterteig (tiefgekühlt; 10 quadratische Platten)
1/2 Bund Frühlingszwiebeln
1 Knoblauchzehe
1 EL Olivenöl
400 g Rinderhackfleisch
je 1 TL gemahlener Kreuzkümmel und Koriander
1/2 TL Zimtpulver
Salz · Pfeffer aus der Mühle
8 Cocktailtomaten
2 EL gehackte Petersilie
1 Eigelb · 2 EL Milch

Zubereitung

FÜR CA. 10 STÜCK

1 Die Blätterteigplatten nebeneinander auf einem Küchentuch auslegen und auftauen lassen. Die Frühlingszwiebeln putzen, waschen und in feine Ringe schneiden. Den Knoblauch schälen und in feine Würfel schneiden.

2 Das Olivenöl in einer Pfanne erhitzen und das Hackfleisch darin unter Rühren bei mittlerer Hitze krümelig braten. Die Frühlingszwiebeln, den Knoblauch und die Gewürze dazugeben, untermischen und etwa 3 Minuten mitbraten. Die Hackmasse abkühlen lassen.

3 Den Backofen auf 200 °C vorheizen. Ein Backblech mit Backpapier auslegen. Aus den Blätterteigplatten 10 Kreise (à etwa 10 cm Durchmesser) ausstechen. Die Cocktailtomaten waschen, halbieren, in kleine Würfel schneiden und mit der Petersilie unter die Hackmasse mischen. Jeweils etwas Hackmasse in die Mitte der Teigkreise setzen. Den Teig über der Füllung zusammenklappen, an den Rändern fest andrücken und zu Halbmonden formen.

4 Die Blätterteigtaschen auf das Backblech setzen. Das Eigelb mit der Milch verquirlen und die Teigtaschen damit bestreichen. Die Teigtaschen im Ofen auf der mittleren Schiene etwa 25 Minuten goldbraun backen.

Tipp

Besonders hübsch sehen die Blätterteigtaschen aus, wenn Sie aus den Teigresten kleine Sterne ausstechen und diese vor dem Backen auf die mit Eigelb bestrichenen Taschen drücken.

Teigröllchen
mit Schafskäse

Zutaten

je 1 Bund Petersilie

und Dill

3 Zweige Minze

200 g Schafskäse (Feta)

2 große Yufka-Teigblätter

Öl zum Frittieren

Zubereitung

FÜR 4 PERSONEN

1 Die Kräuter waschen und trocken schütteln, die Blätter bzw. Spitzen abzupfen und fein hacken. Den Schafskäse in einer Schüssel mit einer Gabel zerdrücken und die Kräuter untermischen.

2 Die Teigblätter auf der Arbeitsfläche übereinanderlegen und mit einem scharfen Messer in etwa 10 cm breite Streifen schneiden. Die Teigstreifen übereinanderstapeln und mit einem feuchten Küchentuch bedecken.

3 Die Teigstreifen einzeln verarbeiten und jeweils etwas Käsemasse auf das kurze Ende geben. Die Ränder rechts und links über die Füllung klappen und den Teigstreifen fest aufrollen. Die Enden der Rolle jeweils mit etwas Wasser bestreichen und fest andrücken. Fertige Röllchen mit einem feuchten Küchentuch bedecken.

4 Zum Frittieren in eine Pfanne etwa 4 cm hoch Öl füllen und erhitzen. Die Teigröllchen darin rundum goldbraun frittieren, auf Küchenpapier abtropfen lassen und sofort servieren.

Linsenbällchen
mit Paprika und Peperoni

Zutaten

160 g gelbe Linsen · Salz
240 g fein geschroteter Bulgur
2 rote Peperoni
2 Zwiebeln
2 EL Olivenöl
1 EL Tomatenmark
Pfeffer aus der Mühle
1 TL gemahlener Kreuzkümmel
1/2 TL Chilipulver
Olivenöl zum Verarbeiten

Zubereitung

FÜR 6 PERSONEN

1 Die Linsen in einem Sieb abbrausen, mit 850 ml Wasser und 1 TL Salz in einen Topf geben und bei schwacher Hitze etwa 30 Minuten köcheln lassen, bis sie das Wasser fast vollständig aufgenommen haben und zerfallen.

2 Den Bulgur unterrühren und bei schwacher Hitze 3 Minuten ziehen lassen. Den Topf vom Herd nehmen und den Bulgur etwa 15 Minuten ausquellen lassen.

3 Die Peperoni längs halbieren, entkernen und waschen, die Zwiebeln schälen. Beides in feine Würfel schneiden und in einer Pfanne im Olivenöl anbraten.

4 Die Linsen-Bulgur-Mischung in eine Schüssel geben, Peperoni, Zwiebeln und Tomatenmark unterrühren. Mit Salz, Pfeffer, Kreuzkümmel und Chilipulver würzen. Aus der Linsen-Bulgur-Masse Nocken abstechen und diese mit leicht eingeölten Händen zu Bällchen formen. Die Linsenbällchen nach Belieben auf einem Kräuter-, Spinat- oder Salatbett anrichten.

Hühnersuppe
mit Kichererbsen

Weckt die Lebensgeister: Ganz nach Geschmack kann man diese Suppe mit Brotwürfeln, Kräutern oder Zitrone verfeinern

Zutaten

1 Suppenhuhn
(ca. 1,2 kg; küchenfertig)
1 Zwiebel
1 Lorbeerblatt
2 Gewürznelken
Salz
100 g rote Linsen
1 kleine Dose Kichererbsen
(460 g Abtropfgewicht)
1/2 Fladenbrot
je 1 Bund Petersilie
und Koriander
2 unbehandelte Zitronen

Zubereitung

FÜR 4 PERSONEN

1 Das Suppenhuhn innen und außen waschen, in einen großen Topf geben und mit kaltem Wasser bedecken.

2 Die Zwiebel schälen und in Streifen schneiden. Mit dem Lorbeerblatt, den Gewürznelken und 2 TL Salz zum Huhn geben. Langsam bis zum Siedepunkt erhitzen, dabei den entstehenden Schaum abschöpfen. Das Huhn zugedeckt bei schwacher Hitze etwa 1 1/2 Stunden köcheln lassen, bis es gar ist.

3 Das Huhn herausheben und abkühlen lassen. Die Brühe durch ein Sieb gießen, 1 1/2 l abmessen und zurück in den Topf geben (die restliche Brühe anderweitig verwenden oder einfrieren). Die Brühe aufkochen und die Linsen darin bei schwacher Hitze etwa 20 Minuten garen.

4 Das Hühnerfleisch auslösen, von Haut und Knochen befreien und in mundgerechte Stücke schneiden. Die Kichererbsen in ein Sieb abgießen und abtropfen lassen. Das Hühnerfleisch und die Kichererbsen 5 Minuten vor Ende der Garzeit zu den Linsen in die Brühe geben und erwärmen.

5 Das Fladenbrot in Würfel schneiden und in einer beschichteten Pfanne ohne Fett rundum anrösten. Die Kräuter waschen und trocken schütteln, die Blätter abzupfen und grob hacken. Die Zitronen heiß waschen, trocken reiben und in Spalten schneiden. Die Suppeneinlagen getrennt in kleinen Schüsseln anrichten. Die Hühnersuppe auf Schälchen oder tiefe Teller verteilen und die Einlagen dazu servieren.

Lauchsuppe
mit Paprika und Dill

Das kann sich schmecken lassen: Cremige Lauchsuppen in verschiedenen Variationen sind in allen Teilen der Türkei sehr beliebt

Zutaten

4 Stangen Lauch
1 Zwiebel
2 EL Olivenöl
1 Bund Dill
1 TL Zucker
300 ml Milch
Salz · Pfeffer aus der Mühle
1 EL Butter
100 g Schafskäse (Feta)
Paprikapulver (edelsüß)

Zubereitung

FÜR 4 PERSONEN

1 Den Lauch putzen, waschen und in feine Ringe schneiden. Die Zwiebel schälen und in feine Würfel schneiden. Das Olivenöl in einem Topf erhitzen, den Lauch und die Zwiebel darin etwa 10 Minuten weich dünsten.

2 Den Dill waschen, trocken schütteln und die Spitzen abzupfen. Einige Dillspitzen zum Garnieren beiseitelegen, den Rest fein hacken. Den gehackten Dill und den Zucker zum Lauch geben und 600 ml Wasser angießen. Alles aufkochen und dann bei schwacher Hitze etwa 15 Minuten köcheln lassen. Die Lauchsuppe etwas abkühlen lassen und mit dem Stabmixer fein pürieren.

3 Die Cremesuppe wieder zurück in den Topf geben und die Milch hinzufügen. Die Suppe erwärmen, aber nicht kochen! Die Suppe mit Salz und Pfeffer abschmecken (nur vorsichtig salzen, weil der später hinzugefügte Schafskäse salzig ist). Zuletzt die Butter in der Lauchsuppe schmelzen lassen.

4 Den Schafskäse zerbröckeln. Die Lauchsuppe auf Schälchen oder Gläser verteilen und mit dem Schafskäse bestreuen. Mit Paprikapulver bestäuben und mit dem beiseitegelegten Dill garnieren.

Tipp

Schafskäse kommt in der Türkei fast täglich auf den Tisch. Wem der eingelegte Käse zu salzig ist, kann ihn einige Stunden in frisches Wasser legen – dann schmeckt er milder.

Rote Linsensuppe
mit Kreuzkümmel

Das Gute kann so einfach sein: Der Klassiker der türkischen Küche bekommt hier durch Chili und Kreuzkümmel ein besonderes Aroma

Zutaten

2 Knoblauchzehen

2 Zwiebeln

1 große rote Chilischote

1 EL Olivenöl

350 g rote Linsen

600 ml Gemüsebrühe

Salz · Pfeffer aus der Mühle

1 TL gemahlener Kreuzkümmel

Saft von 1/2 Zitrone

Zubereitung

FÜR 4 PERSONEN

1 Den Knoblauch und die Zwiebeln schälen und in feine Würfel schneiden. Die Chilischote längs halbieren, entkernen, waschen und in feine Streifen schneiden.

2 Das Olivenöl in einem Topf erhitzen, Knoblauch, Zwiebeln und Chili darin andünsten. Die Linsen in einem Sieb kalt abbrausen, hinzufügen und die Brühe dazugießen. Alles aufkochen und unter gelegentlichem Rühren bei schwacher Hitze 20 bis 30 Minuten köcheln lassen, bis die Linsen gar sind, aber nicht zerfallen.

3 Die Linsensuppe mit Salz, Pfeffer, Kreuzkümmel und Zitronensaft würzen. Auf Schälchen verteilen und nach Belieben mit Chili und Petersilie garniert servieren.

Tipp

Geschälte rote Linsen sind besonders praktisch, weil sie nicht eingeweicht werden müssen und eine relativ kurze Garzeit haben. Man bekommt sie bei uns im Reformhaus oder Naturkostladen.

Tomatensuppe und kalte Gurkensuppe

Zwei für alle Fälle: Ob kräftiger Magenwärmer oder Erfrischung an heißen Sommertagen – diese Suppen löffelt jeder gern aus

Zutaten

Für die Tomatensuppe:

1 1/2 kg reife, aber feste Strauchtomaten

1 Zwiebel · 3 EL Olivenöl

1/2 l Gemüsebrühe

50 g Rundkornreis

Salz · Pfeffer aus der Mühle

1/2 TL Zucker

1/2 TL gemahlene Fenchelsamen

1/2 Bund Petersilie

Für die Gurkensuppe:

1 große Salatgurke

1 kg kalter stichfester Joghurt (3,5 % Fett i. Tr.)

2 Knoblauchzehen

je 1/2 Bund Petersilie und Dill

3 EL gehackte Walnüsse

3 EL Olivenöl

Zubereitung

FÜR JE 4 PERSONEN

1 Für die Tomatensuppe die Tomaten kreuzweise einritzen, überbrühen, häuten, halbieren und entkernen, das Fruchtfleisch in kleine Würfel schneiden. Die Zwiebel schälen und in feine Würfel schneiden.

2 Das Olivenöl in einem Topf erhitzen und die Zwiebel darin andünsten. Die Tomaten hinzufügen und aufkochen lassen. Die Brühe und den Reis hinzufügen und die Suppe zugedeckt bei schwacher Hitze 20 Minuten köcheln lassen, dabei gelegentlich umrühren.

3 Die Tomatensuppe mit Salz, Pfeffer, Zucker und Fenchelsamen würzen und weitere 5 Minuten köcheln lassen. Die Petersilie waschen und trocken schütteln, die Blätter abzupfen und fein hacken. Die Tomatensuppe auf Schälchen oder tiefe Teller verteilen und mit der Petersilie bestreut servieren.

4 Für die Gurkensuppe die Gurke schälen, längs halbieren und mit einem Löffel die Kerne entfernen. Die Gurkenhälften in möglichst kleine Würfel schneiden und in eine Salatschüssel geben. Den Joghurt in einer kleinen Schüssel mit 1/4 l Wasser und 1 TL Salz verrühren.

5 Den Knoblauch schälen, in feine Würfel schneiden und unter den Joghurt rühren. Den Knoblauchjoghurt unter die Gurken mischen und die Gurkensuppe bis zum Servieren kühl stellen.

6 Vor dem Servieren die Kräuter waschen und trocken schütteln, die Blätter bzw. Spitzen abzupfen und fein hacken. Die Kräuter unter die Gurkensuppe rühren. Die Suppe auf Schälchen oder Gläser verteilen, mit den Walnüssen bestreuen und mit Olivenöl beträufeln. Nach Belieben mit Minzeblättern garnieren und mit Fladenbrot servieren.

Gemüse, Reis & Co.

Bulgur-Pilaw
mit Mangold und Tomaten

Wunderbar aromatisch: Dieses beliebte Traditionsgericht sorgt auch hierzulande für farbenfrohe Abwechslung am Familientisch

Zutaten

2 Zwiebeln

1 große rote Paprikaschote

1 rote Chilischote

4 EL Olivenöl

2 TL Paprikapulver (edelsüß)

Salz · Pfeffer aus der Mühle

400 g grob geschroteter Bulgur

1 EL Korinthen

800 ml Gemüsebrühe

800 g Mangold

2 Tomaten

Zubereitung

FÜR 4 PERSONEN

1 Die Zwiebeln schälen und in feine Würfel schneiden. Die Paprika- und Chilischote längs halbieren, entkernen, waschen und ebenfalls in Würfel schneiden. In einem breiten Topf 2 EL Olivenöl erhitzen, Zwiebeln, Paprika- und Chiliwürfel darin anbraten. Mit Paprikapulver, Salz und Pfeffer würzen.

2 Den Bulgur und die Korinthen hinzufügen und die Brühe angießen. Alles aufkochen und bei schwacher Hitze zugedeckt etwa 20 Minuten garen, bis der Bulgur weich ist.

3 Den Mangold putzen und waschen. Die Blätter in breiten Streifen von den Stielen schneiden, die Mangoldstiele in kleine Würfel schneiden. Die Tomaten waschen, vierteln und entkernen, das Fruchtfleisch in kleine Würfel schneiden.

4 Das restliche Olivenöl in einem Topf erhitzen und die Mangoldstiele darin andünsten. Die Mangoldblätter und Tomaten dazugeben und 3 Minuten mitdünsten. Die Mangold-Tomaten-Mischung unter den Bulgur heben, den Pilaw mit Salz und Pfeffer abschmecken.

Tipp

Bulgur – vorgekochter, wieder getrockneter und anschließend geschroteter Weizen – ist unendlich vielseitig. In der ländlichen Küche der Türkei ersetzt er in vielen Gerichten den teureren Reis.

Kichererbsengemüse
mit Tomaten und Pastirma

Ein rustikaler Genuss: Von diesem würzigen Eintopf sollten Sie gleich mehr zubereiten, denn aufgewärmt schmeckt er noch mal so gut

Zutaten

250 g getrocknete Kichererbsen
2 Zwiebeln
2 Knoblauchzehen · Salz
2 hellgrüne Spitzpaprikaschoten
1 Dose geschälte Tomaten (850 g Abtropfgewicht)
1 EL Tomatenmark
100 g Pastirma (Dörrfleisch aus Rinderfilet, in Scheiben geschnitten; ersatzweise 200 g scharfe Knoblauchwurst)
4 EL Olivenöl
1/2 Bund Petersilie
Pfeffer aus der Mühle

Zubereitung

FÜR 4 PERSONEN

1 Am Vortag die Kichererbsen mit reichlich kaltem Wasser bedecken und über Nacht einweichen. Am nächsten Tag die Kichererbsen in ein Sieb abgießen, kalt abbrausen und abtropfen lassen. Die Kichererbsen in einen Topf geben und so viel kaltes Wasser hinzufügen, dass es etwa 5 cm hoch über den Kichererbsen steht. Offen aufkochen, dabei den entstehenden Schaum abschöpfen. Die Kichererbsen offen bei mittlerer Hitze 20 Minuten weiterkochen, dann zugedeckt 1 1/2 Stunden garen.

2 Inzwischen die Zwiebeln schälen und in feine Würfel schneiden. Den Knoblauch schälen, mit etwas Salz bestreuen und im Mörser fein zerreiben. Die Paprikaschoten längs halbieren, entkernen, waschen und in breite Streifen schneiden. Die Dosentomaten in ein Sieb abgießen und abtropfen lassen, dabei den Saft auffangen. Die Tomaten klein schneiden oder zerdrücken und mit dem aufgefangenen Saft in eine Schüssel geben, das Tomatenmark unterrühren.

3 Die Pastirma-Scheiben in größere Stücke reißen. Das Olivenöl in einem großen Topf erhitzen, die Zwiebeln, den Knoblauch und die Paprikastreifen darin 1 Minute unter Rühren anbraten. Die Pastirma-Stücke dazugeben und kurz mitbraten. Die Tomatenmischung hinzufügen und alles bei schwacher Hitze etwa 10 Minuten köcheln lassen.

4 Die Kichererbsen mit dem Schaumlöffel aus dem Sud heben und unter die Tomatenmischung rühren. So viel Kochsud angießen, dass alles gut bedeckt ist. Das Gemüse bei schwacher Hitze 15 Minuten köcheln lassen. Die Petersilie waschen und trocken schütteln, die Blätter abzupfen, fein hacken und unterrühren. Den Eintopf mit Salz und Pfeffer abschmecken und nach Belieben mit Reis servieren.

Möhrenfrikadellen
mit Aprikosen und Chili

Es muss ja nicht immer Fleisch sein: Diese fruchtigen Köfte werden nicht nur bei Vegetariern auf große Begeisterung stoßen

Zutaten

Für die Frikadellen:

10 Möhren
2–3 Scheiben Weißbrot (vom Vortag)
4 Frühlingszwiebeln
120 g getrocknete Aprikosen
1 rote Chilischote
je 1 Bund Basilikum und Dill
3 EL Pinienkerne · 1 Ei
Salz · Pfeffer aus der Mühle
1 TL Paprikapulver (edelsüß)
Mehl für die Arbeitsfläche und zum Bestäuben
Öl zum Braten

Für den Minzjoghurt:

250 g cremiger Joghurt (6–10 % Fett i. Tr.)
Saft von 1/2 Zitrone
2 Knoblauchzehen
1 Bund Minze

Zubereitung

FÜR 8 STÜCK

1 Die Möhren putzen, schälen und in grobe Stücke schneiden. Mit etwas Wasser in einen Topf geben und bei schwacher Hitze etwa 20 Minuten sehr weich dünsten.

2 Inzwischen für den Minzjoghurt den Joghurt in einer Schüssel mit dem Zitronensaft verrühren. Den Knoblauch schälen, in feine Würfel schneiden und unterrühren. Die Minze waschen und trocken schütteln, die Blätter abzupfen, in feine Streifen schneiden und unterheben. Den Minzjoghurt bis zum Servieren kühl stellen.

3 Die Möhren in ein Sieb abgießen und abtropfen lassen, in eine Schüssel geben und mit einer Gabel fein zerdrücken. Das Brot entrinden und zerkrümeln oder grob reiben. Die Frühlingszwiebeln putzen, waschen und klein schneiden. Die Aprikosen in möglichst kleine Würfel schneiden. Die Chilischote längs halbieren, entkernen, waschen und ebenfalls in feine Würfel schneiden. Die Kräuter waschen und trocken schütteln, die Blätter bzw. Spitzen abzupfen und fein hacken. Brot, Frühlingszwiebeln, Aprikosen, Chili und Kräuter unter das Möhrenpüree mischen. Die Pinienkerne und das Ei unterrühren und die Möhrenmasse mit Salz, Pfeffer und Paprikapulver würzen.

4 Etwas Mehl auf die Arbeitsfläche stäuben. Mit einem Esslöffel etwas Möhrenmasse abnehmen und auf der bemehlten Arbeitsfläche zu einer länglichen Frikadelle formen. Die gesamte Masse zu Frikadellen (Köfte) verarbeiten und diese rundum mit Mehl bestäuben.

5 In eine hohe Pfanne 2 cm hoch Öl gießen und erhitzen. Die Möhrenfrikadellen darin portionsweise etwa 10 Minuten rundum goldbraun braten. Herausnehmen und auf Küchenpapier abtropfen lassen. Die Möhrenfrikadellen nach Belieben mit Zitronenspalten anrichten, den Minzjoghurt dazu servieren.

Gefüllte Paprikaschoten
mit Reis und Tomaten

Kleine Schoten, großer Geschmack: Gefüllt mit Reis und Kräutern, wissen Paprikaschoten auch als Solisten auf dem Teller zu überzeugen

Zutaten

120 g Rundkornreis
8 runde, hellgrüne Paprikaschoten
1 Zwiebel
6 EL Olivenöl
3 EL Pinienkerne
50 g kleine Korinthen
Salz · Pfeffer aus der Mühle
1 Msp. gemahlener Piment
1/2 TL Zucker
je 1/2 Bund Petersilie und Dill
3 Zweige Minze
2 Tomaten

Zubereitung

FÜR 4 PERSONEN

1 Für die Füllung den Reis in einer Schüssel mit kaltem Wasser bedeckt 20 Minuten vorquellen lassen. Die Paprikaschoten mit einem spitzen Küchenmesser rund um die Stielansätze einschneiden und diese mit Trennwänden und Kernen herauslösen. Die Paprikaschoten waschen und mit den Öffnungen nach unten abtropfen lassen. Die Zwiebel schälen und in feine Würfel schneiden.

2 Den Reis in ein Sieb abgießen und abtropfen lassen. In einem Topf 4 EL Olivenöl erhitzen, die Zwiebelwürfel und Pinienkerne darin bei mittlerer Hitze anbraten. Den Reis, die Korinthen, Salz, Pfeffer, Piment und Zucker unterrühren und braten, bis der Reis glasig ist. Die Reismischung knapp mit Wasser bedecken und bei schwacher Hitze zugedeckt etwa 15 Minuten garen. Den Deckel abnehmen und den Reis offen ausdampfen und abkühlen lassen.

3 Die Kräuter waschen und trocken schütteln, die Blätter bzw. Spitzen abzupfen, fein hacken und unter den abgekühlten Reis mischen. Die Tomaten waschen, halbieren und entkernen, das Fruchtfleisch in so große Stücke schneiden, dass man die Schotenöffnungen damit verschließen kann. Die Paprikaschoten mit der Reismischung füllen und in jede Öffnung ein Tomatenstück schieben. Die gefüllten Schoten nebeneinander in einen breiten Topf setzen.

4 Das restliche Olivenöl mit 1/4 l heißem Wasser und 1/2 TL Salz verrühren und zu den Paprikaschoten gießen. Die Flüssigkeit aufkochen und die gefüllten Paprikaschoten zugedeckt bei schwacher Hitze 30 Minuten garen. Die Schoten im Topf abkühlen lassen, auf eine Platte setzen und nach Belieben mit Zitronenspalten und mit Petersilie garniert servieren.

Kräuteromelett
mit Knoblauchjoghurt

Perfekte Partnerwahl: In Begleitung von würzigem Joghurt macht kräuterfrischer Eierkuchen eine besonders gute Figur

Zutaten

Für den Joghurt:

2 Frühlingszwiebeln
4 Knoblauchzehen
300 g cremiger Joghurt (6–10 % Fett i. Tr.)
Salz · Pfeffer aus der Mühle

Für das Omelett:

je 1 Bund Petersilie, Minze und Dill
2 Frühlingszwiebeln
2 Knoblauchzehen
1 EL Butter
4 EL Öl · 8 Eier
Salz · Pfeffer aus der Mühle

Zubereitung

FÜR 4 PERSONEN

1 Für den Joghurt die Frühlingszwiebeln putzen, waschen und in feine Ringe schneiden. Den Knoblauch schälen und in feine Würfel schneiden. Frühlingszwiebeln und Knoblauch unter den Joghurt rühren. Den Knoblauchjoghurt mit Salz und Pfeffer abschmecken und bis zum Servieren kühl stellen.

2 Für das Omelett die Kräuter waschen und trocken schütteln, die Blätter bzw. Spitzen abzupfen und grob hacken. Die Frühlingszwiebeln putzen, waschen und in feine Ringe schneiden. Den Knoblauch schälen und in feine Würfel schneiden. Die Butter und 2 EL Öl in einer großen Pfanne erhitzen, Frühlingszwiebeln, Knoblauch und die Hälfte der Kräuter darin bei schwacher Hitze kurz andünsten.

3 Die Eier in einer Schüssel verquirlen, mit Salz und Pfeffer würzen und die restlichen Kräuter untermischen. Die Eiermischung in die Pfanne geben und bei schwacher Hitze stocken lassen. Vom Pfannenrand lösen, auf einen Teller gleiten lassen, wenden und wieder in die Pfanne geben. Das Omelett etwa 2 Minuten fertig backen. Zum Servieren wie eine Torte in Stücke schneiden und nach Belieben mit Minze- und Petersilienblättern garnieren. Den Knoblauchjoghurt dazu servieren.

Tipp

Das Omelett schmeckt auch mit Rucola oder jungen Spinatblättern anstelle der Kräuter sehr fein. Mit 50 g zerbröckeltem Schafskäse (Feta) oder geriebenem Ziegenkäse wird die Eiermasse würziger.

Kichererbsenspinat
mit Tomaten und Sesam

Zutaten

150 g getrocknete Kichererbsen

800 g junger Blattspinat · Salz

2 Schalotten

2 Knoblauchzehen

4 Tomaten

1 Chilischote

2 EL Olivenöl

$^1/_2$ TL gemahlener Kreuzkümmel

2 EL Tahin (Sesampaste)

Cayennepfeffer

Zubereitung

FÜR 4 PERSONEN

1 Kichererbsen mit Wasser bedeckt über Nacht einweichen. Am nächsten Tag in ein Sieb abgießen, mit $^1/_2$ l Wasser aufkochen und zugedeckt bei schwacher Hitze etwa 1 Stunde garen, eventuell noch etwas Wasser hinzufügen.

2 Inzwischen den Spinat verlesen und waschen, grobe Stiele entfernen. Die Blätter in kochendem Salzwasser 1 bis 2 Minuten blanchieren. Kalt abschrecken, ausdrücken und grob hacken. Schalotten und Knoblauch schälen und in feine Würfel schneiden. Die Tomaten waschen, vierteln und entkernen, das Fruchtfleisch in kleine Würfel schneiden. Die Chilischote längs halbieren, entkernen, waschen und fein hacken.

3 Das Olivenöl in einer großen Pfanne erhitzen, die Schalotten und den Knoblauch darin andünsten. Die Chilischote und den Kreuzkümmel dazugeben und mitdünsten. Das Tahin unterrühren, den Spinat und die Tomaten untermischen. Eventuell etwas Wasser hinzufügen und alles einige Minuten dünsten. Die Kichererbsen abgießen, dazugeben und erwärmen. Mit Salz und Cayennepfeffer würzen und nach Belieben mit Sesamsamen bestreut servieren.

Kürbisgemüse

mit Hackbällchen

Zutaten

2 Zwiebeln
3 Knoblauchzehen
500 g Rinder- oder Lammhackfleisch
je 1 TL gemahlener Kreuzkümmel und Koriander
1 Ei · Semmelbrösel
Salz · Cayennepfeffer
etwas Mehl · 6 EL Olivenöl
1 rote Chilischote
1 kg Butternusskürbis
1 EL getrockneter Thymian
Pfeffer aus der Mühle
1 EL gehackte Minze

Zubereitung

FÜR 4 PERSONEN

1 Für die Hackbällchen je 1 Zwiebel und Knoblauchzehe schälen, in feine Würfel schneiden und mit Hackfleisch, Gewürzen und Ei verkneten. So viel Semmelbrösel unterkneten, dass ein formbarer Teig entsteht, mit Salz und Cayennepfeffer würzen. Bällchen formen, in Mehl wenden und in 4 EL heißem Olivenöl goldbraun braten. Auf Küchenpapier abtropfen lassen.

2 Für den Kürbis die restliche Zwiebel und die übrige Knoblauchzehe schälen und in feine Würfel schneiden. Die Chilischote längs halbieren, entkernen, waschen und ebenfalls in feine Würfel schneiden. Den Kürbis schälen, halbieren, entkernen und in grobe Würfel schneiden.

3 Das restliche Olivenöl erhitzen, Zwiebeln und Knoblauch darin andünsten. Chilischote und Kürbis hinzufügen und unter gelegentlichem Rühren etwa 15 Minuten dünsten, dabei eventuell etwas Wasser angießen. Mit Thymian, Salz und Pfeffer würzen. Die Fleischbällchen dazugeben und etwa 2 Minuten erwärmen. Kürbisgemüse und Hackbällchen auf Teller verteilen, mit Minze bestreuen und nach Belieben mit je 1 EL Joghurt servieren. Dazu passt Fladenbrot.

Auberginen
mit Tomatenfüllung

Der heimliche Star: In der türkischen Küche hat man die köstlichsten Ideen entwickelt, wie man Auberginen zubereiten kann

Zutaten

4 Auberginen · Salz
1 TL getrockneter Thymian
1/2 TL schwarze Pfefferkörner
1/2 TL Kreuzkümmelsamen
Meersalz
2 Zwiebeln
3 Knoblauchzehen
Olivenöl zum Braten
200 g Artischockenherzen (aus dem Glas)
400 g Cocktailtomaten
Zitronensaft zum Beträufeln

Zubereitung

FÜR 4 PERSONEN

1 Die Auberginen putzen, waschen und längs halbieren, die Schnittflächen längs etwa 1 cm tief einschneiden. Mit Salz bestreuen und etwa 15 Minuten Wasser ziehen lassen. Die Auberginen mit Küchenpapier trocken tupfen, das Fruchtfleisch mit einem Löffel etwa 2 cm tief herausschaben, fein hacken und in eine Schüssel geben.

2 Thymian, Pfefferkörner und Kreuzkümmel mit etwas Meersalz im Mörser fein zermahlen. Die Zwiebeln und den Knoblauch schälen, die Zwiebeln in grobe, den Knoblauch in feine Würfel schneiden. Beides unter das Auberginenfleisch mischen.

3 Den Backofen auf 180 °C vorheizen. Reichlich Olivenöl in einer Pfanne erhitzen und die ausgehöhlten Auberginenhälften darin portionsweise unter mehrmaligem Wenden etwa 3 Minuten braten. Die Auberginen aus der Pfanne nehmen und auf Küchenpapier abtropfen lassen.

4 Das Auberginenfleisch in die noch heiße Pfanne geben und im verbliebenen Olivenöl andünsten. Die Artischocken auf einem Sieb abtropfen lassen, klein schneiden und mitdünsten. Die Cocktailtomaten waschen, halbieren und dazugeben. Die zermahlenen Gewürze unterrühren. Das Gemüse mit Meersalz abschmecken und die Pfanne vom Herd nehmen.

5 Die Auberginenhälften auf ein mit Backpapier ausgelegtes Backblech setzen. Mit der Tomaten-Artischocken-Mischung füllen, mit etwas Zitronensaft beträufeln und im Ofen auf der mittleren Schiene 20 bis 30 Minuten garen.

Auberginenröllchen in Tomatensauce

Genüsslich im Ofen vereint: Lammfleisch und würziger Ziegenkäse geben den Auberginenröllchen einen ganz besonderen Touch

Zutaten

Für die Tomatensauce:

1 Zwiebel

2 Knoblauchzehen

1 Möhre

1 Stange Staudensellerie

2 EL Olivenöl

1 EL Tomatenmark

150 ml trockener Rotwein

300 ml Lammfond

400 g stückige Tomaten (aus der Dose)

1 EL Thymianblättchen

Salz · Pfeffer aus der Mühle

Für die Auberginenröllchen:

Olivenöl zum Braten

450 g Lammhackfleisch

Salz · Pfeffer aus der Mühle

gemahlener Kreuzkümmel

2 Auberginen

50 g geriebener Ziegenkäse

Zubereitung

FÜR 4 PERSONEN

1 Für die Tomatensauce die Zwiebel und den Knoblauch schälen und in feine Würfel schneiden. Die Möhre schälen, den Sellerie putzen und waschen und beides in kleine Würfel schneiden.

2 Das Olivenöl in einem großen Topf erhitzen. Zwiebel, Knoblauch und Sellerie darin andünsten. Das Tomatenmark unterrühren, mit dem Wein ablöschen und etwas einköcheln lassen. Dann den Lammfond angießen und die Tomaten samt Saft hinzufügen und untermischen. Alles bei schwacher Hitze etwa 20 Minuten einköcheln lassen. Den Topf vom Herd nehmen, den Thymian dazugeben und die Tomatensauce mit Salz und Pfeffer abschmecken.

3 Für die Auberginenröllchen 2 EL Olivenöl in einer Pfanne erhitzen und das Hackfleisch darin krümelig braten. Etwa ein Drittel der Tomatensauce dazugeben und untermischen, die Hackfüllung mit Salz, Pfeffer und 1 Prise Kreuzkümmel würzen.

4 Den Backofen auf 180 °C vorheizen. Die Auberginen putzen, waschen und längs in 1 cm dicke Scheiben schneiden. Olivenöl in einer Pfanne erhitzen und die Auberginenscheiben darin portionsweise auf beiden Seiten 1 bis 2 Minuten goldbraun braten. Herausnehmen und auf Küchenpapier abtropfen lassen. Auf das untere Ende der Auberginenscheiben je 1 EL Füllung geben, die Scheiben aufrollen und nach Belieben mit Holzspießchen feststecken.

5 Die Auberginenröllchen nebeneinander in eine große flache Auflaufform setzen. Die restliche Tomatensauce über die Röllchen gießen und mit der Hälfte des Ziegenkäses bestreuen. Die Auberginenröllchen im Ofen auf der mittleren Schiene etwa 25 Minuten garen. Mit dem restlichen Käse bestreut servieren.

Teigtaschen und Fladen
mit zweierlei Füllung

Die Qual der Wahl: Man wird sich kaum entscheiden können, welche Füllung besser ist – die mit Hähnchen oder die mit Pilzen

Zutaten

Für die Teigtaschen:

1 Bund Frühlingszwiebeln

2 Tomaten

1 hellgrüne Spitzpaprikaschote

250 g Hähnchenbrustfilet

2 EL Öl

Salz · Pfeffer aus der Mühle

100 g Erbsen (tiefgekühlt)

2 EL gehackte Petersilie

1 Eigelb

6 Scheiben Blätterteig (tiefgekühlt und aufgetaut)

Mehl für die Arbeitsfläche

1 Ei

Für die Teigfladen:

250 g Mehl · Salz

1/4 Würfel Hefe (10 g) · Zucker

250 g Champignons oder Steinpilze

1 Zwiebel

2 EL Öl · 1 Ei

Salz · Pfeffer aus der Mühle

Mehl für die Arbeitsfläche

2 EL Olivenöl

3 EL zerlassene Butter

Zubereitung

FÜR 6 BZW. 8 STÜCK

1 Für die Teigtaschen die Frühlingszwiebeln putzen, waschen und klein schneiden. Die Tomaten waschen, vierteln, entkernen und in kleine Würfel schneiden. Die Paprika längs halbieren, entkernen, waschen und in Streifen schneiden. Das Fleisch waschen, trocken tupfen und in 2 cm große Würfel schneiden. Im heißen Öl rundum anbraten, mit Salz und Pfeffer würzen. Die Erbsen und das vorbereitete Gemüse dazugeben und mitdünsten. Die Petersilie untermischen, mit Salz und Pfeffer würzen. Die Füllung abkühlen lassen und das Eigelb unterrühren.

2 Den Backofen auf 200 °C vorheizen. Den Blätterteig auf der bemehlten Arbeitsfläche zu etwa 16 x 22 cm großen Rechtecken ausrollen. Das Ei trennen und die Ränder mit Eiweiß bestreichen. Jeweils in die Mitte der Rechtecke etwas Füllung setzen, den Teig darüberklappen und die Ränder andrücken. Die Taschen auf ein mit Backpapier ausgelegtes Backblech legen, mit dem verquirlten Eigelb bestreichen und mit einer Gabel mehrmals einstechen. Die Teigtaschen im Ofen auf der mittleren Schiene etwa 25 Minuten goldbraun backen.

3 Für die Fladen das Mehl auf die Arbeitsfläche häufen, eine Mulde hineindrücken und 1/4 TL Salz hineingeben. Die Hefe zerbröckeln, mit 1 Prise Zucker in 150 ml lauwarmem Wasser auflösen und in die Mulde gießen. Von der Mitte aus zu einem Teig verkneten, zugedeckt an einem warmen Ort etwa 20 Minuten gehen lassen. Die Pilze putzen und in Scheiben schneiden. Die Zwiebel schälen und in feine Würfel schneiden. Beides in einer Pfanne im heißen Öl andünsten. Das verquirlte Ei unterrühren und stocken lassen. Die Füllung mit Salz und Pfeffer würzen.

4 Den Teig durchkneten, in 8 Portionen teilen und auf der bemehlten Arbeitsfläche dünn zu Kreisen ausrollen. Die Teigkreise füllen, zusammenklappen und die Ränder andrücken. In einer beschichteten Pfanne im Olivenöl portionsweise auf beiden Seiten goldbraun braten und mit Butter bestreichen.

Spinatpastete
mit Schafskäse

Zutaten

300 g Schafskäse (Feta)

1 Bund Petersilie

1 Zwiebel

1 kg junger Blattspinat

Salz · Pfeffer aus der Mühle

frisch geriebene Muskatnuss

125 g Butter

1 Ei · 1/8 l Milch

Fett für die Form

500 g Yufka-Teigblätter

Zubereitung

FÜR 4 PERSONEN

1 Den Schafskäse in kleine Würfel schneiden. Die Petersilie waschen und trocken schütteln, die Blätter abzupfen und fein hacken. Die Zwiebel schälen und in feine Würfel schneiden.

2 Den Spinat verlesen und waschen, grobe Stiele entfernen. Tropfnass in einen Topf geben und bei starker Hitze zusammenfallen lassen. In ein Sieb abgießen, abtropfen und abkühlen lassen. Ausdrücken, grob hacken, mit den Käse- und Zwiebelwürfeln und der Petersilie mischen. Mit Salz, Pfeffer und Muskatnuss würzen.

3 Die Butter zerlassen und etwas abkühlen lassen. Das Ei verquirlen und mit der Milch verrühren, dann die flüssige Butter unterrühren.

4 Eine große rechteckige Auflaufform einfetten. Die Hälfte der Teigblätter einzeln aufeinander in die Form legen, dabei jedes Teigblatt mit der Buttermischung bestreichen. Die Käse-Spinat-Mischung daraufgeben und mit den restlichen Teigblättern bedecken, dabei wieder jedes Blatt bestreichen. Die Pastete mit der übrigen Buttermischung beträufeln. In den kalten Backofen auf die unterste Schiene schieben und bei 200 °C etwa 40 Minuten goldbraun backen.

Yufka-Kuchen
mit Kürbis

Zutaten

1 Knoblauchzehe
500 g Butternusskürbis (geschält und entkernt)
Olivenöl
200 g Schafskäse (Feta)
Meersalz
Cayennepfeffer
Paprikapulver (edelsüß)
Fett für die Form
400 g Yufka-Teigblätter
1 Eigelb

Zubereitung

FÜR 4 PERSONEN

1 Den Knoblauch schälen und in feine Würfel schneiden. Das Kürbisfleisch ebenfalls in Würfel schneiden. In einem Topf 2 EL Olivenöl erhitzen, den Kürbis mit dem Knoblauch darin dünsten, bis die Kürbiswürfel weich sind, eventuell etwas Wasser angießen. Den Topf vom Herd nehmen und das Gemüse abkühlen lassen.

2 Den Schafskäse in kleine Würfel schneiden und unter den Kürbis mischen, mit Meersalz, Cayennepfeffer und Paprikapulver abschmecken. Den Backofen auf 200 °C vorheizen.

3 Eine Springform (26 cm Durchmesser) einfetten. Je 2 Yufka-Teigblätter mit etwas Olivenöl bestreichen und aufeinanderlegen. Jeweils etwas Kürbisfüllung in die Mitte geben und die Teigblätter zu einer langen, schmalen Rolle formen. Mit den restlichen Teigblättern ebenso verfahren, bis die Füllung aufgebraucht ist.

4 Die Rollen in der Springform zu einer großen Schnecke formen, dabei die Enden eng aneinanderdrücken. Die Oberfläche mit verquirltem Eigelb bestreichen und den Kuchen im Ofen auf der mittleren Schiene etwa 35 Minuten goldbraun backen.

Reis im Teigmantel
mit Pinienkernen

Macht was her: Wer Reis als Beilage zu langweilig findet, dem sollten Sie die zimtduftende Version im Knuspermantel servieren

Zutaten

2 EL Pinienkerne
60 g Sultaninen
400 g Patnareis
80 g Butter
Salz
2 EL Zimtpulver
1 Msp. gemahlener Piment
Pfeffer aus der Mühle
1 großes Yufka-Teigblatt

Zubereitung

FÜR 6–8 PERSONEN

1 Die Pinienkerne in einer beschichteten Pfanne ohne Fett bei mittlerer Hitze unter ständigem Rühren anrösten. Die Sultaninen dazugeben und kurz mitrösten, bis sie leicht glänzen. Die Mischung auf einem Teller abkühlen lassen.

2 Den Reis in einem Sieb kalt abbrausen und abtropfen lassen. In einem Topf die Hälfte der Butter zerlassen, 850 ml Wasser und 1 gehäuften TL Salz dazugeben und aufkochen. Den Reis hinzufügen und einige Minuten sprudelnd kochen. Dann zugedeckt bei schwacher Hitze etwa 10 Minuten garen, bis er die Flüssigkeit vollständig aufgenommen hat. Pinienkerne, Sultaninen, Zimt und Piment unter den Reis rühren und den Reis mit Pfeffer abschmecken.

3 Den Backofen auf 160 °C vorheizen. Die restliche Butter zerlassen. Eine Springform (28 cm Durchmesser) oder eine Auflaufform mit etwas flüssiger Butter einfetten. Das Yufka-Teigblatt in die Form legen, die Ränder überhängen lassen. Den Reis auf den Teig in der Form geben und glatt streichen. Die Teigränder nach innen schlagen und den Reis damit bedecken. Die Oberfläche mit der restlichen Butter bestreichen. Den Reis im Teigmantel im Ofen auf der mittleren Schiene etwa 20 Minuten goldbraun backen.

Tipp

Der Reis im Teigmantel passt als Beilage hervorragend zu Lammkoteletts oder Hackfleischbällchen. Wenn man z.B. gebratene Hähnchenwürfel untermischt, eignet sich der Reis auch als Hauptgericht.

Börek
mit Gemüse und Schafskäse

Die inneren Werte zählen: Eine bunte Gemüsemischung wird bei dieser knusprigen Pastete gut gewürzt unter die Haube gebracht

Zutaten

1 Zucchino
1 kleine Aubergine
1 kleine rote Paprikaschote
2 rote Chilischoten
3 Knoblauchzehen
400 g Schafskäse (Feta)
300 g stichfester Joghurt (3,5 % Fett i. Tr.)
3 Eier
je 2 EL gehackter Dill, Petersilie und Minze
Salz · Pfeffer aus der Mühle
Öl für die Form und zum Bestreichen
10 Yufka-Teigblätter
1 Eigelb

Zubereitung

FÜR 4–6 PERSONEN

1 Den Zucchino und die Aubergine putzen und waschen, zunächst längs halbieren, dann quer in dünne Scheiben schneiden. Die Paprikaschote längs halbieren, entkernen, waschen und in kleine Würfel schneiden. Die Chilischoten längs halbieren, entkernen, waschen und in feine Streifen schneiden. Den Knoblauch schälen und in feine Würfel schneiden.

2 Den Schafskäse grob zerbröckeln, mit dem Joghurt und den Eiern in einen hohen Rührbecher geben und mit dem Stabmixer pürieren. Das vorbereitete Gemüse mit den Kräutern unter die Schafskäsecreme rühren und die Creme mit Salz und Pfeffer würzen. Eine große rechteckige Auflaufform einfetten. Den Backofen auf 200 °C vorheizen.

3 Die Yufka-Teigblätter aus der Packung nehmen und vorsichtig voneinander lösen. 2 Teigblätter mit Öl bestreichen und aufeinander in die Form legen. Etwas Gemüse-Käse-Mischung darauf verstreichen und mit Teig belegen. Den Teig wiederum mit Öl bestreichen und eine weitere Schicht Gemüse-Käse-Mischung darauf verteilen. Auf diese Weise alle Zutaten verbrauchen, mit einer Teigschicht abschließen.

4 Das Eigelb mit etwas Öl verquirlen und die Oberfläche damit bestreichen. Das Börek im Ofen auf der mittleren Schiene 25 bis 30 Minuten goldbraun backen. Herausnehmen und vor dem Servieren kurz abkühlen lassen.

Tipp

Yufka-Teigblätter aus dem Kühlregal sind meist recht trocken und brüchig. Um sie geschmeidiger zu machen, kann man sie vor dem Verarbeiten mit feuchten Küchentüchern bedecken.

Türkische Pizza
mit Gemüse und Hackfleisch

Das kommt in den besten Familien vor: Mit ihrem würzigen Belag stiehlt diese Pizza ihrer italienischen Schwester fast die Schau

Zutaten

Für den Teig:

1/2 Würfel Hefe (21 g)

450 g Mehl · Salz

Für den Belag:

2 Fleischtomaten

4 Frühlingszwiebeln

2 grüne Peperoni

1/2 Bund Petersilie

250 g Lammhackfleisch

Paprikapulver (rosenscharf)

1/2 TL gemahlener Kreuzkümmel

Salz · Pfeffer aus der Mühle

2 rote Zwiebeln

4 EL Olivenöl

Zubereitung

FÜR 4 PERSONEN

1 Die Hefe zerbröckeln und in 200 ml lauwarmem Wasser auflösen. Das Mehl mit 1 TL Salz und der Hefemischung in eine Schüssel geben und mit den Knethaken des Handrührgeräts zu einem elastischen Teig verkneten. Den Teig zugedeckt an einem warmen Ort etwa 1 Stunde gehen lassen, bis er sein Volumen etwa verdoppelt hat.

2 Inzwischen für den Belag die Tomaten kreuzweise einritzen, überbrühen, häuten, vierteln und entkernen, das Fruchtfleisch in kleine Würfel schneiden. Die Frühlingszwiebeln putzen, waschen und schräg in Ringe schneiden. Die Peperoni längs halbieren, entkernen, waschen und in feine Streifen schneiden. Die Petersilie waschen und trocken schütteln, die Blätter abzupfen und fein hacken. Das Hackfleisch mit Peperoni, Petersilie, Paprikapulver und Kreuzkümmel mischen, die Hackmasse mit Salz und Pfeffer würzen. Die Zwiebeln schälen und in Spalten schneiden.

3 Den Backofen auf 220 °C vorheizen. Den Teig auf der bemehlten Arbeitsfläche nochmals durchkneten, in 4 Portionen teilen und diese zu länglichen Fladen formen, dabei einen Rand formen. Die Teigfladen auf ein mit Backpapier ausgelegtes Backblech legen. Die Hackfleischmischung auf den Fladen verteilen. Die Tomatenwürfel, Frühlingszwiebeln und Zwiebelspalten daraufgeben und jede Pizza mit 1 EL Olivenöl beträufeln. Die Teigränder nach innen klappen und die Pizzen im Ofen auf der mittleren Schiene 15 bis 20 Minuten backen.

Tipp

Sie können die Teigfladen ganz nach Geschmack und Vorlieben belegen: Probieren Sie z. B. einmal einen vegetarischen Belag mit zerbröckeltem Schafskäse und Spinat- oder Mangoldblättern.

Fisch
& Fleisch

Rotbarbe
auf Tomaten und Oliven

Urlaub für die Sinne: Mit seinen mediterranen Aromen entführt Sie dieses Fischgericht auf einen Kurztrip an die türkische Ägäis

Zutaten

1 Rotbarbe (ca. 600 g; küchenfertig)
4 Zweige Rosmarin
4 Tomaten
1 Schalotte
1 Knoblauchzehe
je 1 EL grüne und schwarze Oliven
Saft von 1/2 Zitrone
Salz · Pfeffer aus der Mühle
4 EL Olivenöl

Zubereitung

FÜR 2 PERSONEN

1 Den Backofen auf 200 °C vorheizen. Die Rotbarbe unter fließendem kaltem Wasser waschen und trocken tupfen. Das Fleisch mit einem spitzen Messer auf jeder Seite im Abstand von etwa 2 cm mehrfach tief einschneiden. Den Rosmarin waschen und trocken schütteln, die Nadeln abzupfen und in die Einschnitte stecken. Die Tomaten kreuzweise einritzen, überbrühen, häuten, vierteln und entkernen, das Fruchtfleisch in kleine Würfel schneiden.

2 Die Schalotte und den Knoblauch schälen und in feine Würfel schneiden. Beides mit den Tomaten, den Oliven und dem Zitronensaft in eine große flache Auflaufform geben. Die Rotbarbe mit Salz und Pfeffer würzen, auf das Gemüse legen und alles mit Olivenöl beträufeln.

3 Die Rotbarbe im Ofen auf der mittleren Schiene 15 bis 20 Minuten schmoren, dabei den Fisch häufiger mit Schmorflüssigkeit begießen. Der Fisch ist gar, wenn sich die Rückenflosse leicht herausziehen lässt. Das Gemüse mit Salz und Pfeffer würzen und mit dem Fisch auf einer Servierplatte anrichten. Nach Belieben mit Zitronenscheiben garnieren.

Tipp

Rotbarben haben sehr zartes, aromatisches Fleisch und sind ein fester Bestandteil der mediterranen Küche. Da sie keine Galle besitzen, kann man sie zubereiten, ohne sie zuvor ausnehmen zu müssen.

Loup de mer
im Salzmantel

Ein perfektes Gästeessen für entspannte Gastgeber: Im Salz gart der Loup de mer seinem großen Auftritt am Tisch entgegen

Zutaten

1 großer Loup de mer (Wolfsbarsch; ca. 1 1/2 kg, küchenfertig)
Pfeffer aus der Mühle
1/2 Bund Petersilie
1 unbehandelte Zitrone
2 kg grobes Meersalz
3 Eiweiß

Zubereitung

FÜR 4 PERSONEN

1 Den Loup de mer unter fließendem kaltem Wasser innen und außen waschen und trocken tupfen. Den Fisch innen und außen mit Pfeffer einreiben. Die Petersilie waschen und trocken schütteln. Die Zitrone heiß waschen, trocken reiben und in schmale Spalten schneiden. Die Petersilienstiele und die Hälfte der Zitronenspalten in die Bauchhöhle des Loup de mer geben.

2 Den Backofen auf 200 °C vorheizen. Für den Salzmantel das Salz in eine Schüssel geben. Die Eiweiße mit den Quirlen des Handrührgeräts leicht schaumig schlagen und unter das Salz rühren. Falls nötig, etwas Wasser dazugeben, sodass eine formbare Masse entsteht.

3 Ein Backblech mit Backpapier auslegen. Aus der Hälfte der Salzmasse auf dem Blech einen Sockel formen, der etwas größer als der Fisch ist. Den Fisch auf das Salz legen. Die restliche Salzmasse auf dem Fisch verteilen und gut andrücken.

4 Den Loup de mer im Ofen auf der mittleren Schiene 35 bis 40 Minuten garen, bis die Salzkruste hart ist. Den gegarten Fisch in der Salzkruste servieren und die Kruste erst am Tisch aufklopfen oder mit einem Brotmesser einen Deckel abschneiden. Die Haut entfernen, die Filets auslösen und auf Teller verteilen. Dazu die restlichen Zitronenspalten reichen.

Tipp

Dieses Rezept ist eine Spezialität, die in den Restaurants am Bosporus serviert wird. Auch dort bringen die Kellner den Fisch im Salzmantel zum Tisch und brechen ihn mit einem Holzhammer auf.

Gefüllte Sardinen
mit Paprika und Zwiebel

Fishing for compliments: Vor allem als Hauptdarsteller von Sommergerichten sind Mittelmeerfische immer ein guter Fang

Zutaten

8 kleine Sardinen (küchenfertig; siehe Tipp)
Saft von ½ Zitrone
Salz · Pfeffer aus der Mühle
1 Zwiebel
1 hellgrüne Spitzpaprikaschote
3 Stiele Petersilie
100 g Maismehl
je ½ TL gemahlener Kreuzkümmel und Paprikapulver (edelsüß)
1 Ei
150 ml Öl zum Braten

Zubereitung

FÜR 4 PERSONEN

1 Die Sardinen vorsichtig unter fließendem kaltem Wasser innen und außen waschen und trocken tupfen. Die Fische auseinandergeklappt jeweils mit dem Rücken nach unten auf Küchenpapier legen. Die Innenseiten mit Zitronensaft beträufeln und mit Salz und Pfeffer würzen.

2 Die Zwiebel schälen und in feine Streifen schneiden. Die Paprikaschote längs halbieren, entkernen, waschen und ebenfalls in feine Streifen schneiden. Die Petersilie waschen und trocken schütteln, die Blätter abzupfen und fein hacken. Die Hälfte der Sardinen mit Petersilie, Zwiebel- und Paprikastreifen belegen und mit jeweils 1 Sardine bedecken.

3 Das Maismehl auf einem flachen Teller verteilen, den Kreuzkümmel und das Paprikapulver untermischen. Das Ei in einem tiefen Teller verquirlen. Die gefüllten Fische zuerst im Mehl und dann in dem verquirlten Ei wenden. Das Öl in einer großen Pfanne erhitzen und die gefüllten Sardinen darin auf jeder Seite goldbraun braten. Auf Küchenpapier abtropfen lassen, nach Belieben mit roten Zwiebelringen und Rucolablättern garnieren und mit Zitronenspalten servieren.

Tipp

Bitten Sie Ihren Fischhändler, dass er die Mittelgräte der ausgenommenen Sardinen jeweils vorsichtig vom Schwanz her heraustrennt und den Kopf abschneidet. Man soll die Fische auseinanderklappen können.

Brasse
aus dem Ofen

Kleiner Aufwand, große Wirkung: Mit diesem einfachen Rezept können Sie jedem Koch von Istanbul bis Antalya Paroli bieten

Zutaten

2 große Brassen (insgesamt ca. 1 kg; küchenfertig)
Salz · Pfeffer aus der Mühle
1 Bund Petersilie
3 Tomaten
1 ½ unbehandelte Zitronen
Butter für die Form
4 Lorbeerblätter
4 EL Olivenöl

Zubereitung

FÜR 4 PERSONEN

1 Den Backofen auf 220 °C vorheizen. Die Fische unter fließendem kaltem Wasser innen und außen waschen und trocken tupfen. Die Haut mit einem spitzen Messer auf beiden Seiten jeweils zweimal einschneiden. Die Fische innen und außen mit Salz und Pfeffer einreiben. Die Petersilie waschen und trocken schütteln, jeweils 1 Stiel in die Bauchhöhlen der Fische legen. Von der restlichen Petersilie die Blätter abzupfen und fein hacken.

2 Die Tomaten kreuzweise einritzen, überbrühen, häuten und in Scheiben schneiden. Die Zitronen heiß waschen, trocken reiben und ebenfalls in Scheiben schneiden.

3 Eine große flache Auflaufform mit Butter einfetten und die Fische hineinlegen. Die Tomaten- und Zitronenscheiben abwechselnd in einer Reihe auf die Fische legen und die Lorbeerblätter dazwischenstecken. Die Fische mit der restlichen Petersilie bestreuen und mit dem Olivenöl beträufeln.

4 Die Form mit Alufolie verschließen und die Fische im Ofen auf der mittleren Schiene 20 Minuten garen. Dann die Temperatur auf 180 °C herunterschalten, die Folie entfernen und die Fische weitere 10 Minuten garen. Die Brassen nach Belieben mit Ofenkartoffeln und Knoblauch servieren.

Tipp

Auf diese Art können Sie auch Wolfsbarsche oder Doraden (Goldbrassen) zubereiten. Achtung: Weil die Fische unterschiedlich groß sind, können die Garzeiten variieren.

Gegrillter Oktopus
mit Limettenbutter

Zutaten

1 großer Oktopus
(ca. 800 g; küchenfertig)
Salz
4 EL weiche Butter
Saft und abgeriebene Schale
von 1/2 unbehandelten Limette
Pfeffer aus der Mühle
2 Möhren
4 Knoblauchzehen
ca. 3 EL Olivenöl
15 grüne Oliven
12 kleine Scheiben Baguette
2 EL Korianderblätter

Zubereitung

FÜR 4 PERSONEN

1 Den Oktopus waschen, in einen Topf geben und knapp mit Wasser bedecken. Mit Salz würzen, einmal aufkochen und bei schwacher Hitze etwa 15 Minuten köcheln lassen. Danach den Oktopus im Sud etwa 4 Stunden abkühlen lassen.

2 Die Butter mit Limettensaft und -schale verrühren, mit Salz und Pfeffer würzen. Möhren und Knoblauch schälen, Möhren in feine Streifen, 2 Knoblauchzehen in feine Scheiben schneiden. 1 Knoblauchzehe durchpressen, mit 1 EL Olivenöl verrühren und die Oliven darin marinieren.

3 Den Oktopus aus dem Sud nehmen und abtropfen lassen. Die Fangarme abtrennen und in mundgerechte Stücke schneiden, den Körper in Ringe schneiden. Mit Salz und Pfeffer würzen. Das restliche Olivenöl in einer Grillpfanne erhitzen und die Oktopusstücke darin hellbraun braten. Inzwischen das Baguette unter dem Backofengrill rösten. Die restliche Knoblauchzehe halbieren und das Brot damit einreiben.

4 Den Oktopus mit Oliven und Brotscheiben anrichten und etwas Limettenbutter darauf schmelzen lassen. Mit Möhren- und Knoblauchstreifen und den Korianderblättern garnieren.

Grillspieße
mit Schwertfisch

Zutaten

400 g Cocktailtomaten
12 Kumquats
24 frische Lorbeerblätter
600 g Schwertfischfilet
2 Knoblauchzehen
1/2 Bund Petersilie
6 EL Olivenöl
Saft und abgeriebene Schale von 1 unbehandelten Zitrone
150 g Salatblätter (z. B. Romana-, Batavia- oder Eichblattsalat)
Salz · Pfeffer aus der Mühle
2 TL Honig

Zubereitung

FÜR 4 PERSONEN

1 Die Cocktailtomaten und Kumquats waschen und trocken tupfen, die Kumquats halbieren. Die Lorbeerblätter waschen und trocken tupfen. Das Fischfilet waschen, trocken tupfen und in 2 bis 3 cm große Würfel schneiden. Fisch, Tomaten, Lorbeerblätter und Kumquats abwechselnd auf 8 gewässerte Holzspieße stecken.

2 Den Knoblauch schälen und in feine Würfel schneiden. Die Petersilie waschen und trocken schütteln, die Blätter abzupfen und fein hacken. Für die Marinade 4 EL Olivenöl mit 1 EL Zitronensaft, der Zitronenschale, dem Knoblauch und der Petersilie verrühren. Die Fischspieße in der Marinade wenden und zugedeckt im Kühlschrank etwa 2 Stunden ziehen lassen.

3 Die Salatblätter waschen, trocken schleudern und in mundgerechte Stücke zupfen. Die Spieße mit Salz und Pfeffer würzen. Auf dem Holzkohlen- oder Elektrogrill 3 bis 4 Minuten grillen, dabei gelegentlich wenden. Den Salat auf Tellern anrichten. Das restliche Olivenöl mit dem Zitronensaft und dem Honig verrühren und mit Salz und Pfeffer würzen. Den Salat damit beträufeln und die Spieße darauf anrichten.

Hähnchen
mit Okraschoten

Ein köstliches Trio: In der türkischen Küche wird Hähnchenfleisch besonders gern mit Tomaten und Okraschoten kombiniert

Zutaten

500 g Okraschoten
2–3 EL Weißweinessig
Salz
4 Knoblauchzehen
2 Zwiebeln
3 große Tomaten
1 kleines Hähnchen (küchenfertig; in 4 Teile zerlegt)
1 EL Olivenöl
1 EL Butter
2 TL Koriandersamen
1 TL Paprikapulver (rosenscharf)
1 TL Zucker
1 El getrockneter Oregano
1 EL Tomatenmark
Saft von 1 Zitrone
Salz · Pfeffer aus der Mühle

Zubereitung

FÜR 4 PERSONEN

1 Die Okraschoten waschen und die Stiele spitz zuschneiden, dabei darauf achten, dass die Schoten nicht verletzt werden. Die geputzten Schoten in einer Schüssel mit dem Essig und 1 EL Salz mischen und 1 Stunde ruhen lassen (so behalten die Okra ihre Farbe und werden beim Kochen nicht schleimig).

2 Den Knoblauch schälen und mit 1/2 TL Salz im Mörser fein zerreiben. Die Zwiebeln schälen und in feine Ringe schneiden. Die Tomaten kreuzweise einritzen, überbrühen, häuten und entkernen, das Fruchtfleisch in kleine Würfel schneiden. Die Hähnchenteile unter fließendem kaltem Wasser waschen und trocken tupfen.

3 Das Olivenöl und die Butter in einer großen Pfanne oder in einem Schmortopf erhitzen. Die Hähnchenteile darin rundum anbraten, bis sie gebräunt sind, herausnehmen und beiseitelegen. Zwiebeln, Koriandersamen und Paprikapulver im verbliebenen Bratfett 2 bis 3 Minuten andünsten. Knoblauch, Zucker und Oregano hinzufügen und kurz mitdünsten. Das Tomatenmark, die Tomaten und 150 ml Wasser dazugeben und alles gut verrühren. Die Sauce aufkochen und einige Minuten köcheln lassen. Die Hähnchenteile darauflegen und zugedeckt etwa 30 Minuten schmoren.

4 Die Okraschoten in ein Sieb abgießen, kalt abbrausen und abtropfen lassen, auf dem Hähnchen und der Sauce verteilen. Den Zitronensaft darüberträufeln und alles zugedeckt weitere 20 Minuten köcheln lassen, bis die Okraschoten gar, aber noch bissfest sind.

5 Die Hähnchenteile auf einer tiefen Servierplatte anrichten. Die Okraschoten mit der Sauce mischen, mit Salz und Pfeffer würzen und über die Hähnchenteile gießen, nach Belieben mit Pul Biber (scharfe türkische Paprikablättchen) bestreuen und servieren. Dazu passt Reis oder Fladenbrot.

Hackfleischbällchen in Tomatensauce

Rundum gelungen: Von den scharfen Bällchen in fruchtiger Sauce werden kleine und große Hackfleisch-Fans nicht genug bekommen

Zutaten

1 kg vollreife Tomaten

3 kleine Zwiebeln

2 Knoblauchzehen

3 EL Olivenöl

je 1/2 TL gemahlener Piment, Kreuzkümmel und Koriander

2 TL Paprikapulver (edelsüß)

1 TL getrockneter Thymian

1 EL Tomatenmark

3 EL gehackte Petersilie

Salz · Pfeffer aus der Mühle

1 Brötchen (vom Vortag)

lauwarme Milch zum Einweichen

2 EL Butter

500 g Rinderhackfleisch

1 TL getrockneter Oregano

1 Ei

Butterschmalz zum Braten

Zubereitung

FÜR 4 PERSONEN

1 Für die Sauce die Tomaten kreuzweise einritzen, überbrühen, häuten, vierteln und entkernen, das Fruchtfleisch in kleine Würfel schneiden. Die Zwiebeln und den Knoblauch schälen und in feine Würfel schneiden.

2 Das Olivenöl in einem Topf erhitzen, zwei Drittel der Zwiebeln und den Knoblauch darin andünsten. Piment, Kreuzkümmel, Koriander, 1 TL Paprikapulver, Thymian und Tomatenmark dazugeben und 2 bis 3 Minuten mitdünsten. Die Tomatenwürfel hinzufügen und unter gelegentlichem Rühren 30 Minuten zu einer dicklichen Sauce einköcheln lassen. 1 EL Petersilie unterrühren und die Sauce mit Salz und Pfeffer würzen.

3 Für die Hackfleischbällchen das Brötchen in etwas lauwarmer Milch einweichen. Die Butter in einer kleinen Pfanne erhitzen und die restlichen Zwiebelwürfel darin andünsten. Das Hackfleisch mit dem restlichen Paprikapulver und dem Oregano in eine Schüssel geben. Das Brötchen ausdrücken und mit den Zwiebelwürfeln, dem Ei und der übrigen Petersilie unter das Hackfleisch mischen. Mit Salz und Pfeffer würzen.

4 Aus der Hackfleischmasse mit angefeuchteten Händen kleine Bällchen formen. Das Butterschmalz portionsweise in einer Pfanne erhitzen und die Bällchen darin rundum goldbraun braten. Die Hackfleischbällchen in der Tomatensauce kurz erwärmen und mit der Sauce auf Tellern anrichten. Nach Belieben mit saurer Sahne und grob gehackter Petersilie garnieren. Dazu passt Reis oder Fladenbrot.

Fladenbrote
nach Döner-Art

Überraschend anders: Mit mariniertem Lammfleisch zubereitet, wird aus dem simplen Fast-Food-Klassiker ein würziger Edel-Snack

Zutaten

2 Knoblauchzehen
2 EL Olivenöl
1 TL getrockneter Thymian
1 TL getrockneter Rosmarin
1/4 TL gemahlener Koriander
Salz · Pfeffer aus der Mühle
400 g Lammfleisch (aus der Keule)
1/2 Salatgurke
300 g cremiger Joghurt (6–10 % Fett i. Tr.)
1 EL Zitronensaft
Pfeffer aus der Mühle
2 Tomaten · 1 Zwiebel
8 Salatblätter (z. B. Lollo biondo)
4 kleine Fladenbrote
4 mild eingelegte Peperoni
30 g schwarze Oliven (ohne Stein)

Zubereitung

FÜR 4 PERSONEN

1 Für die Marinade 1 Knoblauchzehe schälen und in feine Würfel schneiden. Das Olivenöl mit dem Knoblauch, den Kräutern und dem Koriander verrühren, mit Salz und Pfeffer würzen. Das Lammfleisch in schmale Streifen schneiden, in einer Schüssel mit der Marinade mischen und zugedeckt etwa 1 Stunde ziehen lassen.

2 Für den Joghurtdip die Gurke schälen und längs halbieren, mit einem Löffel die Kerne entfernen. Die Gurkenhälften auf der Gemüsereibe fein raspeln, mit etwas Salz bestreuen und etwa 15 Minuten Wasser ziehen lassen. Die restliche Knoblauchzehe schälen und in feine Würfel schneiden. Den Joghurt mit dem Koblauch und dem Zitronensaft verrühren. Die Gurkenraspel auf einem Sieb gut ausdrücken und mit dem Joghurt mischen. Mit Salz und Pfeffer würzen.

3 Den Backofen auf 200 °C vorheizen. Die Tomaten waschen und in Scheiben schneiden, dabei die Stielansätze entfernen. Die Zwiebel schälen und in feine Ringe schneiden. Die Salatblätter waschen, trocken schleudern und etwas zerpfücken.

4 Die Fladenbrote im Ofen auf der mittleren Schiene etwa 5 Minuten knusprig backen. Das Fleisch in einer beschichteten Pfanne scharf anbraten und bei mittlerer Hitze unter Rühren weiterbraten, bis es gar ist.

5 Von den Peperonischoten die Stiele entfernen. Die Fladenbrote aufschneiden. Die unteren Hälften mit den Salatblättern, Fleisch, Tomatenscheiben, Zwiebelringen, Oliven und jeweils 1 Peperoni belegen. Die oberen Brothälften daraufklappen und die Fladenbrote mit dem Dip servieren.

Lammkeule
mit Joghurtkruste

Zutaten

2 Knoblauchzehen
3 EL Olivenöl · Salz
1 TL Paprikapulver (edelsüß)
½ TL gemahlener Kreuzkümmel
1 Lammkeule (ca. 1,2 kg)
1 Bund Minze
ca. 200 ml Lammfond
400 g cremiger Joghurt
(6–10 % Fett i. Tr.)
abgeriebene Schale von
1 unbehandelten Zitrone
Pfeffer aus der Mühle

Zubereitung

FÜR 4 PERSONEN

1 Den Knoblauch schälen und in feine Würfel schneiden, mit dem Olivenöl, Salz, Paprikapulver und Kreuzkümmel zu einer Marinade verrühren. Die Lammkeule waschen und trocken tupfen, mit der Marinade einreiben und zugedeckt etwa 3 Stunden ziehen lassen.

2 Den Backofen auf 160 °C vorheizen. Die Minze waschen, trocken schütteln und in einen Bräter legen, die Keule darauflegen und etwas Fond angießen. Die Lammkeule im Ofen auf der mittleren Schiene etwa 1½ Stunden schmoren, dabei mehrmals wenden und nach und nach den restlichen Fond dazugießen.

3 Den Joghurt mit der Zitronenschale verrühren. Die Keule mit der Hälfte des Zitronenjoghurts bestreichen, weitere 20 Minuten gar schmoren. Aus dem Ofen nehmen und kurz ruhen lassen.

4 Die Sauce durch ein Sieb passieren, mit Salz und Pfeffer abschmecken und separat zum Fleisch servieren. Das Fleisch vom Knochen schneiden und nach Belieben mit gegrillten milden Peperoni, Artischocken und Weißbrot servieren. Den restlichen Zitronenjoghurt mit Salz und Pfeffer würzen und dazu reichen.

Lammkoteletts
mit gebratenem Gemüse

Zutaten

1 Aubergine · Salz
2 rote Paprikaschoten
2 Zucchini
1 Zwiebel
ca. 100 ml Olivenöl
Pfeffer aus der Mühle
Zucker
2 Knoblauchzehen
2 TL Thymianblättchen
2 TL gehackte Salbeiblätter
1 TL gehackter Rosmarin
8 Lammkoteletts (à ca. 80 g)

Zubereitung

FÜR 4 PERSONEN

1 Die Aubergine putzen, waschen und in kleine Würfel schneiden. 3 EL Salz in 1 l kaltem Wasser auflösen. Die Auberginenwürfel mit dem Salzwasser übergießen und unter gelegentlichem Rühren 10 Minuten ziehen lassen.

2 Die Paprikaschoten längs halbieren, entkernen, waschen und in Würfel schneiden. Die Zucchini putzen, waschen und in Scheiben schneiden. Die Zwiebel schälen und in Spalten schneiden. Auberginenwürfel mit den Händen auspressen, auf ein Küchentuch legen und trocken tupfen.

3 In einer großen Pfanne 3 EL Olivenöl erhitzen und die Auberginenwürfel darin anbraten. Zwiebel, Paprika und Zucchini 5 Minuten mitbraten, mit Salz, Pfeffer und 1 Prise Zucker würzen.

4 Den Knoblauch schälen und mit 1 TL Salz im Mörser fein zerreiben. Die Kräuter und 4 EL Olivenöl dazugeben und alles gut verrühren. Eine Pfanne erhitzen. Die Lammkoteletts waschen und trocken tupfen, mit Salz und Pfeffer würzen und mit Olivenöl beträufeln. In der Pfanne auf jeder Seite 1 bis 2 Minuten braten. Die Koteletts mit dem Knoblauch-Kräuter-Öl bestreichen und mit dem Gemüse anrichten.

Lammspieße
mit Cocktailtomaten

Alles andere als spießig: Überraschen Sie Ihre Gäste bei der nächsten Gartenparty doch einmal mit kräuterwürzigem Kebap

Zutaten

800 g Lammfleisch
(aus der Keule)
4 EL Olivenöl
1 EL Zitronensaft
1 EL getrockneter Thymian
Salz · Pfeffer aus der Mühle
16 Cocktailtomaten
4 Schalotten
4 große hellgrüne Peperoni
Öl für die Spieße
1 Zitrone

Zubereitung

FÜR 4 PERSONEN

1 Das Fleisch in 2 bis 2 1/2 cm große Würfel schneiden. Das Olivenöl mit dem Zitronensaft und dem Thymian zu einer Marinade verrühren, mit Salz und Pfeffer würzen. Das Fleisch in einer Schüssel mit der Marinade mischen und zugedeckt mindestens 3 Stunden ziehen lassen.

2 Die Tomaten waschen und trocken tupfen. Die Schalotten schälen und halbieren. Die Peperoni längs halbieren, entkernen, waschen und in etwa 3 cm lange Stücke schneiden.

3 Acht Schaschlikspieße mit Öl einreiben. Abwechselnd jeweils 4 Stücke Fleisch, 2 Tomaten, 1 Schalottenhälfte und 1 Peperonistück auf die Spieße stecken. Die Lammspieße auf dem Holzkohlen- oder Elektrogrill 15 bis 20 Minuten grillen, dabei gelegentlich wenden.

4 Die Zitrone heiß waschen, trocken reiben und in schmale Spalten schneiden. Die Spieße mit den Zitronenspalten und nach Belieben mit Petersilienblättern garnieren. Dazu passen frisch aufgebackene Fladenbrote und Knoblauchjoghurt.

Tipp

Falls Sie Holzspieße verwenden, sollten diese zuvor etwa 10 Minuten in Wasser eingeweicht werden. Dann verbrennen sie auf dem Grill nicht so schnell und das Grillgut lässt sich danach leicht abstreifen.

Pastete
mit Lammfleisch

Geschmackvoll verpackt: Unter der goldgelben Teighülle wartet eine aromatische Fleischfüllung auf ihre Entdeckung

Zutaten

2 Zwiebeln
1 Knoblauchzehe
600 g Lammhackfleisch
Salz · Pfeffer aus der Mühle
2 EL Olivenöl
2 EL Tomatenmark
400 g stückige Tomaten (aus der Dose)
150 g Schafskäse (Feta)
4 Zweige Thymian
Cayennepfeffer
1/2 TL gemahlener Kreuzkümmel
4 EL Butter
5 EL Mehl · 1/2 l Milch
frisch geriebene Muskatnuss
3 EL zerlassene Butter für die Form und die Teigblätter
6 Yufka-Teigblätter
30 g Rosinen
Sesamsamen zum Bestreuen

Zubereitung

FÜR 1 PIEFORM (28 cm Ø)

1 Die Zwiebeln und den Knoblauch schälen und in feine Würfel schneiden. Das Lammhackfleisch mit Salz und Pfeffer würzen. Das Olivenöl in einem großen Topf erhitzen und das Hackfleisch darin krümelig braten. Zwiebeln, Knoblauch und Tomatenmark hinzufügen und 6 bis 8 Minuten mitbraten. Die Tomaten samt Saft dazugeben. Die Sauce aufkochen und bei mittlerer Hitze etwa 1 Stunde köcheln lassen. Dabei nach und nach insgesamt 700 ml Wasser dazugießen und jeweils fast vollständig einköcheln lassen.

2 Den Schafskäse zerbröckeln. Den Thymian waschen und trocken schütteln, die Blättchen abzupfen und fein hacken. Die Hackfleischsauce mit Salz, Pfeffer, Cayennepfeffer, Kreuzkümmel und Thymian abschmecken und etwas abkühlen lassen.

3 Die Butter in einem Topf erhitzen und das Mehl darin unter Rühren anschwitzen. Nach und nach die Milch unter Rühren dazugießen. Die Béchamelsauce mit Salz, Pfeffer und Muskatnuss würzen und etwa 5 Minuten einköcheln lassen.

4 Den Backofen auf 200 °C vorheizen. Die Pieform mit etwas flüssiger Butter einfetten und die Teigblätter auf einer Seite mit Butter bestreichen. 3 Teigblätter als Boden so überlappend in die Form legen, dass an den Rändern etwas Teig übersteht. Je ein Drittel der Hackfleisch- und der Béchamelsauce darauf verteilen. Jeweils ein Drittel der Rosinen und des Schafskäses darüberstreuen und mit einem Teigblatt bedecken. Diesen Vorgang zweimal wiederholen. Die Teigränder nach innen klappen und die Pastete damit verschließen. Den Teigdeckel mit der restlichen Butter bestreichen und mit Sesamsamen bestreuen.

5 Die Pastete im Ofen auf der mittleren Schiene etwa 20 Minuten goldbraun backen. Herausnehmen und vor dem Aufschneiden mindestens 5 Minuten ruhen lassen.

Hackfleisch
im Yufka-Teig

Zutaten

400 g Blumenkohl · 1 Zwiebel
300 g eingelegter Kürbis
(aus dem Glas)
50 g Pinienkerne · 3 EL Olivenöl
750 g Rinderhackfleisch
50 g Rosinen
Salz · Cayennepfeffer
je 1/2 TL gemahlener Kreuzkümmel
2 EL gehackte Petersilie
250 g Ziegenfrischkäse
3 Eigelb
Fett für die Form
4 Yufka-Teigblätter
2 EL zerlassene Butter

Zubereitung

FÜR 4–6 PERSONEN

1 Den Blumenkohl putzen, waschen und in Röschen teilen. Die Zwiebel schälen und in feine Streifen schneiden. Den Kürbis abgießen, dabei den Sud auffangen. Die Kürbisstücke in Scheiben schneiden. Die Pinienkerne in einer beschichteten Pfanne ohne Fett anrösten.

2 Das Olivenöl in einer großen Pfanne erhitzen und das Hackfleisch darin krümelig braten. Zwiebelstreifen, Kürbisstücke mit Sud, Rosinen, Pinienkerne und Blumenkohl hinzufügen und zugedeckt etwa 10 Minuten dünsten.

3 Die Hackfleischmasse mit Salz, Cayennepfeffer und Kreuzkümmel würzen, die Petersilie untermischen. Den Ziegenkäse mit den Eigelben verrühren und ebenfalls untermischen.

4 Den Backofen auf 200 °C vorheizen und eine Springform (28 cm Durchmesser) einfetten. Die Teigblätter halbieren und überlappend in die Form legen, dabei so viel Teig über den Rand stehen lassen, dass die Füllung damit abgedeckt werden kann. Die Hackfleischmasse in die Form geben, mit Teig bedecken und mit der flüssigen Butter bestreichen. Im Ofen auf der mittleren Schiene etwa 30 Minuten backen.

Hackfleischbällchen

mit Ofenkartoffeln

Zutaten

2 Zwiebeln · 3 EL Olivenöl
1/2 Bund Petersilie
50 g Schafskäse (Feta)
500 g Rinderhackfleisch
1 Ei · 4 EL Paniermehl
Salz · Pfeffer aus der Mühle
1 TL Paprikapulver (rosenscharf)
1 TL getrockneter Thymian
400 g festkochende Kartoffeln
400 g Tomaten
2 TL Tomatenmark
200 ml Gemüsebrühe
4 EL cremiger Joghurt
(6–10 % Fett i. Tr.)
3 EL Zitronensaft

Zubereitung

FÜR 4 PERSONEN

1 Zwiebeln schälen und in feine Würfel schneiden. 1 EL Olivenöl erhitzen und die Zwiebeln darin andünsten. Die Petersilie waschen und trocken schütteln, die Blätter abzupfen und fein hacken. Den Schafskäse zerbröckeln.

2 Das Hackfleisch mit Zwiebeln, Ei, Paniermehl, 2 EL gehackter Petersilie, Schafskäse, Salz, Pfeffer, Paprikapulver und Thymian in einer Schüssel gründlich mischen. Aus der Masse mit angefeuchteten Händen 12 Hackbällchen formen. Den Backofen auf 200 °C vorheizen.

3 Die Kartoffeln schälen, waschen und vierteln. Die Tomaten waschen und halbieren, dabei die Stielansätze entfernen. Tomatenmark mit der Brühe verrühren. Ein tiefes Backblech mit dem restlichen Olivenöl bestreichen. Die Hackbällchen und Kartoffeln darauf verteilen und mit der Brühe übergießen. Im Ofen auf der mittleren Schiene etwa 30 Minuten garen, nach 15 Minuten Garzeit die Tomaten dazugeben.

4 Joghurt mit Zitronensaft und restlicher Petersilie verrühren, mit Salz und Pfeffer würzen. Die Hackbällchen mit Kartoffeln und Tomaten anrichten, die Joghurtsauce dazu servieren.

Desserts & Gebäck

Kürbis mit Walnüssen

Das versüßt den Herbst: Mit feiner Orangennote und Walnüssen schmecken die Riesen unter den Früchten einfach gigantisch

Zutaten

1 Hokkaidokürbis (ca. 1 $1/2$ kg)
100 g Zucker
3 EL Butter
2 Streifen unbehandelte Orangenschale
100 g Walnusskerne

Zubereitung

FÜR 4 PERSONEN

1 Am Vortag den Kürbis vierteln und entkernen, die Kürbisviertel nach Belieben schälen (die weiche Schale von Hokkaidokürbissen kann man mitessen) und in etwa 5 cm breite Spalten schneiden. Die Kürbisspalten nebeneinander in einen Topf legen, mit dem Zucker bestreuen und zugedeckt über Nacht Saft ziehen lassen.

2 Am nächsten Tag die Butter in einer tiefen Pfanne erhitzen. Die Kürbisspalten mit dem ausgetretenen Saft und den Orangenschalenstreifen in die Pfanne geben, aufkochen und bei schwacher Hitze etwa 15 Minuten weich köcheln lassen. Die Kürbisstücke im Sud erkalten lassen.

3 Die Walnüsse grob hacken. Die Kürbisspalten abtropfen lassen, auf Desserttellern oder einer Platte anrichten und mit dem Sud übergießen. Mit den Walnüssen bestreut servieren.

Tipp

Kürbis harmoniert perfekt mit weihnachtlichen und orientalischen Aromen. Geben Sie beim Garen nach Belieben 1 ausgekratzte Vanilleschote, 1 Sternanis oder $1/2$ TL Lebkuchengewürz dazu.

Prinzen-Helva
mit frischen Beeren

Ein edler Genuss: Wegen seiner Füllung aus gebrannten Mandeln wurde dieser Dessertklassiker sogar in den Adelsstand erhoben

Zutaten

125 g geschälte Mandeln
150 g Zucker
400 ml Milch
90 g Butter
125 g Hartweizengrieß
100 g Himbeeren
250 g Erdbeeren
30 g Puderzucker
1 EL Zitronensaft
1–2 TL Zimtpulver

Zubereitung

FÜR 4 PERSONEN

1. Die Mandeln mit 30 ml Wasser und 30 g Zucker in einem Topf unter Rühren erhitzen, bis der Zucker karamellisiert ist und die Mandeln leicht gebräunt sind. Die gebrannten Mandeln auf einen mit Backpapier ausgelegten Teller geben und abkühlen lassen.

2. Die Milch erhitzen und den restlichen Zucker darin unter Rühren auflösen. Die Butter in einem Topf erhitzen und den Grieß darin bei mittlerer Hitze unter ständigem Rühren goldgelb rösten. Dann vorsichtig die heiße Milch unterrühren und den Grießbrei zugedeckt bei schwacher Hitze 15 Minuten quellen lassen, dabei gelegentlich umrühren, damit er nicht ansetzt. Den Topf vom Herd nehmen und den Grießbrei weitere 15 Minuten quellen lassen.

3. Die Mandeln unter den Grießbrei rühren. Vier Dessertschälchen mit kaltem Wasser ausspülen. Den Grießbrei auf die Schälchen verteilen, andrücken und abkühlen lassen.

4. Inzwischen die Beeren waschen und abtropfen lassen. Von den Erdbeeren die Stielansätze entfernen und die Früchte halbieren. Die Hälfte der Erdbeeren mit dem Puderzucker und dem Zitronensaft mit dem Stabmixer fein pürieren.

5. Den abgekühlten Grießbrei auf Dessertteller stürzen und mit Zimtpulver bestreuen. Die Erdbeersauce angießen und das Helva mit den Himbeeren und Erdbeerhälften garnieren.

Tipp

Für dieses Dessert können Sie auch feinen Maisgrieß verwenden. In der Türkei werden die Mandeln gern durch Pinienkerne ersetzt: Dafür 50 g Pinienkerne mit dem Grieß anrösten und weiterverarbeiten.

Reispudding
mit Vanillearoma

Zutaten

100 g Rundkornreis

1 l Milch

4 EL Sahne

180 g Zucker

1 Vanilleschote

3 EL Speisestärke · Salz

Zimtpulver zum Garnieren

Zubereitung

FÜR 4 PERSONEN

1 Den Reis in einem Sieb unter fließendem kaltem Wasser abspülen, bis das Wasser klar abläuft, und abtropfen lassen. Den Reis in einem Topf mit 1/2 l Wasser zum Kochen bringen. Dann bei schwacher Hitze etwa 25 Minuten köcheln lassen, bis der Reis gar ist und das Wasser vollständig aufgenommen hat.

2 Von der Milch 1/2 Tasse abnehmen, die restliche Milch mit der Sahne und dem Zucker unter den Reis rühren und aufkochen lassen.

3 Die Vanilleschote längs aufschneiden und mit einem spitzen Messer das Mark herauskratzen. Die Speisestärke mit der beiseitegestellten Milch glatt rühren und unter Rühren langsam zur kochenden Reismasse geben. Das Vanillemark und 1 Prise Salz hinzufügen und die Reismasse unter häufigem Rühren 15 Minuten köcheln lassen.

4 Den Reispudding in Dessertschälchen füllen, etwas abkühlen und dann 3 Stunden im Kühlschrank auskühlen lassen. Zum Servieren mit Zimtpulver bestäuben.

Safranpudding
mit Rosenwasser

Zutaten

75 g Rundkornreis
1 Döschen gemahlener Safran (0,1 g)
400 ml Milch
Salz
50 g Zucker
1 EL Butter
2 EL Rosenwasser (aus der Apotheke)
2 EL Rosinen
Zimtpulver zum Garnieren

Zubereitung

FÜR 4 PERSONEN

1 Den Reis in einem Sieb unter fließendem kaltem Wasser abspülen, bis das Wasser klar abläuft, und abtropfen lassen. Den Safran in einem Schälchen in wenig Wasser auflösen.

2 Die Milch mit 1 Prise Salz in einem Topf zum Kochen bringen. Den Safran und den Zucker unterrühren, bis sich der Zucker aufgelöst hat. Den Reis einrieseln lassen und zugedeckt bei schwacher Hitze garen, bis er weich ist und die Flüssigkeit vollständig aufgenommen hat, dabei häufiger umrühren.

3 Die Butter, das Rosenwasser und die Rosinen unter den Reis rühren und den Topf vom Herd nehmen. Den Pudding in Dessertschälchen oder Tassen füllen und heiß oder kalt mit etwas Zimtpulver bestäubt servieren.

Feigenjoghurt
mit Honig und Zimt

Einfach zum Vernaschen: Ohne großen Aufwand kann man mit diesem Rezept einen traumhaften Nachtisch zaubern

Zutaten

1 unbehandelte Zitrone

200 g getrocknete Feigen

100 g Mandelstifte

100 g Pinienkerne

2 EL Butter

8 EL Honig

1/2 TL Zimtpulver

800 g cremiger Joghurt (6–10 % Fett i. Tr.)

Zubereitung

FÜR 4 PERSONEN

1 Die Zitrone heiß waschen und trocken reiben. Die Schale fein abreiben, die Zitrone halbieren und den Saft auspressen. Die Feigen in kleine Würfel schneiden.

2 Mandelstifte und Pinienkerne in einer großen beschichteten Pfanne ohne Fett anrösten, bis sie leicht gebräunt sind. Die Butter hinzufügen und erhitzen. Die Feigenwürfel dazugeben und 3 Minuten anbraten. Zitronenschale und -saft sowie die Hälfte des Honigs hinzufügen und alles verrühren. Die Pfanne vom Herd nehmen und die Feigenmischung abkühlen lassen.

3 Das Zimtpulver unter den Joghurt rühren und den Joghurt auf Schälchen verteilen. Die Feigenmischung darauf anrichten und den restlichen Honig darüberträufeln. Den Feigenjoghurt nach Belieben mit je 1 Streifen unbehandelter Zitronenschale garniert servieren.

Tipp

Wer Feigen nicht mag, kann für dieses Dessert auch getrocknete Aprikosen nehmen. Richtig exotisch und leicht säuerlich wird der Nachtisch mit getrockneten Berberitzen. Verwenden Sie davon jedoch nur 100 g.

Pochierter Apfel
mit Gewürznelken

Immer eine Sünde wert: So fein und aromatisch zubereitet, werden Äpfel ihrem Ruf als kulinarische Verführer mehr als gerecht

Zutaten

4 große feste Äpfel
(z. B. Boskop oder Braeburn)
1–2 EL Zitronensaft
225 g Zucker
16 Gewürznelken
4 EL Grenadine
(Granatapfelsirup)
125 g Mascarpone

Zubereitung

FÜR 4 PERSONEN

1 Die Äpfel schälen und sofort mit Zitronensaft beträufeln, damit sie sich nicht bräunlich verfärben. Die Kerngehäuse mit einem Apfelausstecher entfernen und die Äpfel beiseitestellen. Den Zucker mit 1/4 l Wasser in einem großen Topf unter Rühren aufkochen, bis sich der Zucker vollständig aufgelöst hat.

2 In die obere Rundung jedes Apfels einen Kreis von 4 Gewürznelken stecken. Die Äpfel nebeneinander in den Topf setzen und mit dem Sirup übergießen. Bei schwacher Hitze etwa 15 Minuten weich garen, dabei öfter mit dem Sirup begießen.

3 Die Äpfel im Sirup abkühlen lassen, dann herausheben, abtropfen lassen und auf Dessertteller setzen. Den Grenadine unter den Sirup rühren und die Äpfel mit der Mischung begießen. Den Mascarpone cremig rühren und neben den Äpfeln anrichten.

Tipp

Statt Mascarpone können Sie auch 125 g eiskalte Sahne sehr steif schlagen und jeweils als Haube auf die pochierten Äpfel setzen. Das Ganze dann noch mit etwas Sirup beträufeln.

Pistazieneis

mit Vanille und Honig

Zutaten

$^{1}/_{2}$ l Milch

250 g Sahne

Mark von 1 Vanilleschote

7 Eigelb

180 g feinster Zucker

120 g gehackte Pistazien

2 EL Honig

Zubereitung

FÜR 6 PERSONEN

1 Die Milch und die Sahne in einem Topf erwärmen und das Vanillemark unterrühren. Einmal aufkochen und den Topf vom Herd nehmen.

2 Die Eigelbe mit dem Zucker in eine Schüssel geben und mit den Quirlen des Handrührgeräts schaumig rühren. Die heiße Milch nach und nach unter in die Eigelbcreme rühren. Die Creme in einen Topf geben und bei schwacher Hitze erwärmen, bis sie eindickt, dabei ständig rühren. Die Creme darf auf keinen Fall kochen, sonst gerinnt das Eigelb.

3 Die Vanillecreme abkühlen lassen und zurück in die Schüssel geben. Die Pistazien mit dem Honig mischen und unter die Creme rühren. Die kalte Creme in die Eismaschine gießen und gefrieren lassen (oder die Creme in eine flache Metallschale füllen und im Tiefkühlfach gefrieren lassen, dabei in der ersten Stunde immer wieder durchrühren).

4 Zum Servieren mit einem Eisportionierer Kugeln abstechen und das Eis nach Belieben mit Pistazien bestreut servieren.

Lokum
mit Kokos und Mandeln

Zutaten

250 g Reismehl

1 kg Zucker

2 Msp. Zitronensalz

200 g Kokosraspel

geschälte Mandeln zum Garnieren

Zubereitung

FÜR CA. 60 STÜCK

1 Eine rechteckige Form (z. B. ein kleines Backblech oder eine Auflaufform) mit Frischhaltefolie auslegen. Reismehl und Zucker in einem Topf mischen, mit 1,2 l Wasser anrühren und unter gelegentlichem Rühren aufkochen.

2 Das Zitronensalz hinzufügen und unter Rühren weiterkochen, bis die Masse eine formbare Konsistenz hat. Um die Konsistenz zu prüfen, mit einem Teelöffel etwas von der Zucker-Reismehl-Masse abstechen und in sehr kaltem Wasser mit den Fingern zu einer Kugel formen. Ist die Kugel elastisch, wenn man sie aus dem Wasser nimmt, ist die Konsistenz richtig. Die Masse in die ausgelegte Form gießen, glatt streichen, abkühlen und erstarren lassen.

3 Ein Küchenbrett mit Kokosraspeln bestreuen und die erstarrte Masse aus der Form daraufstürzen. Die Folie abziehen. Die Masse in gleichmäßig breite Streifen schneiden und in den Kokosraspeln wenden. Die Streifen in Scheiben schneiden und in jedes Lokum eine Mandel drücken.

Rosenblütensorbet
mit Zitronensaft

Ein Fest für die Sinne: Die »Königin der Blumen« veredelt dieses köstliche Sorbet, das Löffel für Löffel auf der Zunge zergeht

Zutaten

2 ungespritzte, duftende rote oder rosafarbene Rosen
225 g feinster Zucker
2 EL Zitronensaft
2 TL Rosenwasser

Zubereitung

FÜR 4 PERSONEN

1 Die Blütenblätter ablösen, waschen und jeweils die weißen Ansätze wegschneiden. In einem Topf 600 ml Wasser aufkochen, die Rosenblätter hinzufügen und bei schwacher Hitze 10 Minuten köcheln lassen. Die Flüssigkeit durch ein Sieb gießen, die Blätter abtropfen lassen und beiseitelegen.

2 Die aromatisierte Flüssigkeit und den Zucker in einem Topf unter Rühren aufkochen, bis sich der Zucker vollständig aufgelöst hat. Dann bei schwacher Hitze 5 bis 10 Minuten köcheln lassen, bis der Sirup etwas eindickt. Den Zitronensaft und das Rosenwasser unterrühren, die Blütenblätter wieder dazugeben und den Sirup abkühlen lassen.

3 Den Sirup in eine Schüssel gießen und im Tiefkühlfach gefrieren lassen, dabei gelegentlich mit einer Gabel durchrühren, damit die Eiskristalle nicht zu groß werden. Das Rosenblütensorbet vor dem Servieren einige Minuten bei Zimmertemperatur antauen lassen, mit einer Gabel auflockern und auf Gläser oder Schälchen verteilen.

Tipp

Garnieren Sie das Sorbet mit kandierten Rosenblüten: Dafür die Blüten mit verquirltem Eiweiß bepinseln, in feinem Zucker wenden und im Backofen bei 60 °C etwa 1 Stunde trocknen lassen.

Baklava
mit Mandeln und Pistazien

Orientalisches Naschwerk vom Feinsten: Nach zarten Teigblättern mit Mandel-Pistazien-Füllung lecken sich alle Süßmäuler die Finger

Zutaten

2 Eiweiß

350 g Zucker

300 g gehackte Mandeln

100 g gehackte Pistazien

1 EL Rosenwasser

(aus der Apotheke)

Fett für die Form

500 g Yufka-Teigblätter

Öl zum Bestreichen

2 EL Zitronensaft

Zubereitung

FÜR CA. 20 STÜCK

1 Den Backofen auf 180 °C vorheizen. Die Eiweiße mit den Quirlen des Handrührgeräts steif schlagen, dabei 100 g Zucker einrieseln lassen. Die Mandeln, die Pistazien und das Rosenwasser unterrühren.

2 Eine große rechteckige Auflaufform einfetten. Ein Drittel der Yufka-Teigblätter einzeln aufeinander in die Form legen, dabei jedes Teigblatt mit Öl bestreichen. Die Hälfte der Mandel-Pistazien-Masse auf dem Teig verteilen. Diesen Vorgang wiederholen und die zweite Mandel-Pistazien-Schicht mit den restlichen Teigblättern bedecken. Die Oberfläche mit Öl bestreichen und alle Lagen mit einem scharfen Messer in Rechtecke schneiden. Die Baklava im Ofen auf der mittleren Schiene etwa 35 Minuten goldbraun backen.

3 Den restlichen Zucker mit 200 ml Wasser und dem Zitronensaft unter Rühren aufkochen, bis sich der Zucker vollständig aufgelöst hat, und etwa 5 Minuten einköcheln lassen.

4 Die Baklava aus dem Ofen nehmen und sofort mit dem Sirup übergießen. Kurz in den Ofen stellen, damit das Gebäck den Sirup aufsaugen kann. Dann nach Belieben mit fein gemahlenen Pistazien bestreuen und in der Form abkühlen lassen.

Tipp

Auch Walnüsse und Haselnüsse sind klassische Füllungen für Baklava. Diese können in beliebigem Verhältnis gemischt werden. Nicht ganz original, aber genauso lecker, ist eine Füllung mit Pecannüssen.

Frauennabel
mit Pistazien

So köstlich, wie sein Name verspricht: Dieses Gebäck ließen sich einst schon die Sultane mit Vorliebe zum Tee servieren

Zutaten

Für den Sirup:

300 g Zucker

Saft von 1/2 Zitrone

Für das Gebäck:

50 g Butter

Salz

150 g Mehl

2 Eier

1/2 l Öl zum Frittieren

Öl zum Verarbeiten

fein gehackte Pistazien zum Garnieren

Zubereitung

FÜR CA. 20 STÜCK

1 Für den Sirup den Zucker mit 220 ml Wasser unter Rühren aufkochen, bis sich der Zucker vollständig aufgelöst hat, und einige Minuten einköcheln lassen. Den Zitronensaft unterrühren und den Sirup abkühlen lassen.

2 In einem Topf 1/4 l Wasser mit der Butter und 1 Prise Salz aufkochen. Das Mehl auf einen Teller sieben, auf einmal in den Topf schütten und gut unterrühren, sodass ein dicker, zäher Teig entsteht. Den Teig 3 bis 4 Minuten mit dem Kochlöffel rühren, bis er sich als Kloß vom Topfboden löst.

3 Den Teig in eine Schüssel geben und kurz abkühlen lassen. Dann nach und nach die Eier mit den Quirlen des Handrührgeräts unterrühren.

4 Zum Frittieren das Öl in einem großen Topf erhitzen. Mit einem Esslöffel kleine Teigportionen abnehmen, mit eingeölten Händen zu einer Kugel formen, etwas flach drücken und in die Mitte eine Kuhle, den »Nabel«, drücken. Die Teigstücke im heißen Öl rundum goldgelb frittieren, mit dem Schaumlöffel herausheben und kurz im Sirup wenden. Den »Nabel« jeweils mit fein gehackten Pistazien füllen.

Tipp

Wer prüfen möchte, ob das Frittierfett heiß genug ist, sollte einen Holzspieß oder -kochlöffelstiel ins Öl tauchen: Steigen an dem Spieß oder Löffelstiel Bläschen auf, hat das Öl die richtige Temperatur.

Künefe

mit Frischkäse

Zutaten

200 g Zucker

1–2 TL Zitronensaft

100 g Butter

250 g türkische Fadennudeln (Tel Kadayif)

Fett für Form

150 g Doppelrahmfrischkäse

grob gehackte Pistazien zum Garnieren

Zubereitung

FÜR 4 PERSONEN

1 Den Backofen auf 160 °C vorheizen. Den Zucker mit 150 ml Wasser unter Rühren aufkochen, bis sich der Zucker vollständig aufgelöst hat, und leicht einköcheln lassen. Den Zitronensaft unterrühren und den Sirup abkühlen lassen.

2 Die Fadennudeln zwischen zwei feuchte Küchentücher legen, bis sie geschmeidiger sind. Die Butter in einer großen Pfanne erhitzen und die Nudeln darin schwenken – die Nudeln dabei leicht zerzupfen, damit sie nicht verklumpen und die Butter sich gleichmäßig verteilen kann.

3 Die Hälfte der Nudeln in eine kleine Springform (etwa 20 cm Durchmesser) drücken und den Frischkäse darauf verteilen. Die restlichen Nudeln daraufgeben und andrücken. Im Ofen auf der mittleren Schiene etwa 30 Minuten backen, bis die Teigfäden leicht gebräunt sind.

4 Aus dem Ofen nehmen und kurz abkühlen lassen. Dann die Nudeln mit dem Sirup übergießen und gut durchziehen lassen. Mit den Pistazien bestreuen und in Stücke geschnitten servieren.

Mandelpudding
mit Pistazien

Zutaten

½ l Milch
100 g geschälte, sehr fein gemahlene Mandeln
70 g Zucker
Salz
100 g Reisstärke
gehackte Pistazien und Mandeln zum Garnieren

Zubereitung

FÜR 4 PERSONEN

1 Die Milch in einem kleinen Topf erwärmen. Die Mandeln in eine Schüssel geben, mit der warmen Milch übergießen und 1 Stunde ziehen lassen. Dann die Milch durch ein Sieb in einen Topf gießen, die Mandelmasse gut ausdrücken.

2 Den Zucker und 1 Prise Salz unterrühren und die Mandelmilch unter Rühren bei mittlerer Hitze langsam aufkochen. Den Topf vom Herd nehmen.

3 Die Reisstärke in eine Schüssel geben und mit 150 ml Wasser glatt rühren. Mit dem Schneebesen unter die heiße Mandelmilch rühren und aufkochen, bis ein zäher Brei entsteht.

4 Den Mandelpudding auf Gläser oder Schälchen verteilen. Etwas abkühlen lassen und dann etwa 1 Stunde in den Kühlschrank stellen. Den Pudding nach Belieben mit etwas Rosenwasser beträufeln und mit Pistazien und Mandeln bestreut servieren.

Joghurtschnitten
mit Walnüssen

Feines Gebäck mit Biss: Ob als Dessert oder süße Knabberei zum Tee oder Kaffee – bei diesen Schnitten greift man gern mehrmals zu

Zutaten

Für den Sirup:

750 g Zucker

1 TL Zitronensaft

Für die Joghurtschnitten:

3 Eier

200 g stichfester Joghurt (3,5 % Fett i. Tr.)

200 ml Öl

180 g Zucker

1 EL Mehl

1 Päckchen Backpulver

500 g Weichweizengrieß

100 g gehackte Walnüsse

Zubereitung

FÜR CA. 24 STÜCK

1 Für den Sirup den Zucker mit 3/4 l Wasser unter Rühren aufkochen, bis sich der Zucker vollständig aufgelöst hat, und etwa 10 Minuten einköcheln lassen. Den Zitronensaft unterrühren und den Sirup abkühlen lassen.

2 Für die Joghurtschnitten den Backofen auf 180 °C vorheizen. Die Eier verquirlen, mit Joghurt, Öl und Zucker verrühren. Das Mehl und das Backpulver dazugeben und alles mit dem Schneebesen zu einer weichen Paste verrühren. Den Grieß einrieseln lassen und unterrühren, zuletzt die gehackten Walnüsse unter den Teig heben.

3 Den Teig auf ein mit Backpapier ausgelegtes Backblech geben und glatt streichen. Im Ofen auf der mittleren Schiene etwa 50 Minuten goldbraun backen. Aus dem Ofen nehmen, mit etwas Wasser besprenkeln und kurz abkühlen lassen.

4 Den Sirup über den Joghurtkuchen geben, komplett einziehen und auskühlen lassen. Den Kuchen in kleine Quadrate schneiden und mit den Walnüssen garnieren.

Tipp

Den Kuchenteig kann man fein aromatisieren, wenn man zusätzlich das Mark von 1 Vanilleschote oder 1 TL abgeriebene unbehandelte Orangenschale und etwas Zimtpulver unterrührt.

Hefeschnecken
mit Sesampaste

Eine wirklich runde Sache: Wenn diese Teigschnecken frisch aus dem Ofen kommen, läuft Naschkatzen das Wasser im Mund zusammen

Zutaten

30 g Hefe

200 ml Milch

450 g Mehl

80 g Zucker

Salz · 1 Ei

12 EL Tahin (Sesampaste)

100 ml Pekmez (siehe Tipp)

1 EL Zitronensaft

Zubereitung

FÜR CA. 24 STÜCK

1 Die Hefe zerbröckeln und mit 1/8 l lauwarmem Wasser verrühren. Die Milch leicht erwärmen. Das Mehl mit 1 EL Zucker und dem Salz in eine Schüssel geben und die Hefemischung dazugießen. Das Ei trennen und das Eiweiß mit der lauwarmen Milch zum Teig geben. Alles mit den Knethaken des Handrührgeräts zu einem elastischen Teig verkneten. Den Hefeteig zugedeckt an einem warmen Ort etwa 30 Minuten gehen lassen.

2 Den Backofen auf 180 °C vorheizen. Den Teig auf der bemehlten Arbeitsfläche zu einem etwa 70 cm langen Rechteck ausrollen. Die Sesampaste mit dem Pekmez verrühren und gleichmäßig auf dem Teig verteilen. Den Teig von der Längsseite her dicht aufrollen.

3 Die Teigrolle in etwa 3 cm dicke Scheiben schneiden und diese mit etwas Abstand zueinander auf zwei mit Backpapier ausgelegte Backbleche legen. Die Schnecken leicht flach drücken und nochmals kurz gehen lassen. Das Eigelb mit etwas Wasser verrühren und die Schnecken damit bestreichen. Die Hefeschnecken im Ofen auf der mittleren Schiene nacheinander etwa 20 Minuten goldbraun backen.

4 In der Zwischenzeit den restlichen Zucker mit 100 ml Wasser unter Rühren aufkochen, bis der Zucker sich vollständig aufgelöst hat, und einige Minuten einköcheln lassen. Den Zitronensaft unterrühren und den Sirup abkühlen lassen. Die Schnecken aus dem Ofen nehmen, noch heiß in den Sirup tauchen und lauwarm servieren.

Tipp

Pekmez ist ein Sirup aus Trauben, Datteln oder Granatäpfeln. Trauben- oder Dattelsirup wird zum Süßen verwendet; Granatapfelsirup ist eher säuerlich. Man bekommt die Sirupe im türkischen Lebensmittelladen.

Grießschnitten
mit Walnüssen

Zutaten

150 g Hartweizengrieß
350 g stichfester Joghurt
(3,5 % Fett i. Tr.)
170 g Zucker
Saft und abgeriebene Schale
von 1 unbehandelten Zitrone
1/2 TL gemahlener Kardamom
1 EL Rosenwasser
(aus der Apotheke)
2 Eiweiß
Butter und 2 EL Grieß
für die Form
ca. 24 Walnusskernhälften
3–4 EL gehackte Pistazien

Zubereitung

FÜR CA. 24 STÜCK

1 Den Grieß mit dem Joghurt verrühren und 2 Stunden quellen lassen.

2 In einem Topf 120 g Zucker mit 120 ml Wasser, dem Zitronensaft und dem Kardamom unter Rühren aufkochen, bis sich der Zucker vollständig aufgelöst hat, und einige Minuten einköcheln lassen. Das Rosenwasser hinzufügen und den Sirup abkühlen lassen.

3 Den Backofen auf 200 °C vorheizen. Die Eiweiße mit den Quirlen des Handrührgeräts steif schlagen, dabei den restlichen Zucker einrieseln lassen. Den Eischnee mit der Zitronenschale unter die Joghurt-Grieß-Mischung heben. Eine große flache Auflaufform einfetten und mit Grieß ausstreuen, die Grießmasse hineingeben und glatt streichen. Im Ofen auf der mittleren Schiene etwa 15 Minuten backen.

4 Den Grießkuchen aus dem Ofen nehmen und in der Form in Quadrate schneiden. Die Grießschnitten jeweils mit 1 Walnusshälfte belegen und mit Pistazien bestreuen. Mit etwas Sirup beträufeln und im Ofen 10 bis 15 Minuten fertig backen. Die Grießschnitten warm oder kalt servieren.

Teigtaschen
mit Pistazien und Mandeln

Zutaten

5 EL Butterschmalz
500 g Yufka-Teigblätter
200 g Walnusskerne
2 Eiweiß
2 EL Zitronensaft
275 g Zucker
200 g gehackte Mandeln
2 EL Rosenwasser
(aus der Apotheke)
Fett für die Form
3 EL gehackte Pistazien

Zubereitung

FÜR 8 PERSONEN

1 Das Butterschmalz zerlassen. Die einzelnen Teigblätter mit dem flüssigen Butterschmalz bestreichen und aufeinanderlegen, mit einem ungefetteten Teigblatt abdecken. Den Teigblätterstapel in etwa 8 x 8 cm große Quadrate schneiden und zugedeckt beiseitestellen. Den Backofen auf 180 °C vorheizen.

2 Die Walnüsse hacken. Die Eiweiße mit 1 EL Zitronensaft steif schlagen, 100 g Zucker einrieseln lassen. Die gehackten Nüsse und Mandeln unterheben, zuletzt 1 EL Rosenwasser hinzufügen. Jeweils 1 EL Nussmasse in die Mitte eines Teigquadrats geben und die Ecken über der Füllung zusammendrücken. Die Teigtaschen dicht nebeneinander in eine gefettete flache Auflaufform setzen und im Ofen auf der mittleren Schiene etwa 30 Minuten backen.

3 Den restlichen Zucker mit 1/4 l Wasser unter Rühren aufkochen, bis sich der Zucker vollständig aufgelöst hat, und einige Minuten einköcheln lassen. Den restlichen Zitronensaft und 1 EL Rosenwasser unterrühren und den Sirup abkühlen lassen. Die Teigtaschen mit dem Sirup beträufeln und mit den Pistazien bestreuen.

Orangenkuchen
mit Granatapfelkernen

Lust auf Frucht: Dieser Kuchen ist nicht nur ein wahrer Augenschmaus, auch geschmacklich lässt er keine Wünsche offen

Zutaten

Für den Teig:

100 g Mehl

100 g geschälte, gemahlene Mandeln

150 g kalte Butter

70 g Zucker · 1 Ei

Für die Creme:

100 g Sahne

Mark von 1 Vanilleschote

50 g geschälte, gemahlene Mandeln · 4 EL Zucker

2 EL Speisestärke

2 Eigelb

Für den Belag:

4 kleine Orangen (vorzugsweise ohne Kerne)

1 Granatapfel

Für den Guss:

Saft von 2 Orangen

2 EL Zucker

1 EL Speisestärke

2 EL gehackte Pistazien

Außerdem:

Fett für die Form

Mehl für die Arbeitsfläche

Zubereitung

FÜR 1 TARTEFORM (26 cm Ø)

1 Für den Teig das Mehl und die Mandeln auf die Arbeitsfläche häufen und in die Mitte eine Mulde drücken. Die Butter in Würfel schneiden und mit dem Zucker und dem Ei in die Mehlmulde geben. Alles mit den Händen rasch zu einem glatten Teig verkneten. Den Teig zu einer Kugel formen, in Frischhaltefolie wickeln und mindestens 30 Minuten kühl stellen.

2 Für die Creme die Sahne mit dem Vanillemark unter Rühren zum Kochen bringen, die Mandeln und den Zucker hinzufügen und kurz mitkochen. Die Stärke mit wenig kaltem Wasser glatt rühren und unter die kochende Creme rühren, einmal aufkochen und beiseitestellen. Die Eigelbe verquirlen und 1 EL Sahnecreme unterrühren, zügig unter die restliche Sahnecreme rühren und die Creme unter Rühren abkühlen lassen.

3 Den Backofen auf 200 °C vorheizen und die Tarteform einfetten. Den Teig auf der bemehlten Arbeitsfläche etwa 5 cm größer als die Form rund ausrollen. Die Tarteform mit dem Teig auskleiden, dabei einen Rand formen. Den Teigboden mit einer Gabel mehrfach einstechen, mit Backpapier und Hülsenfrüchten belegen und im Ofen auf der mittleren Schiene etwa 15 Minuten blindbacken. Das Papier mit den Hülsenfrüchten entfernen und den Teigboden weitere 5 Minuten fertig backen.

4 Für den Belag die Orangen so gründlich schälen, dass auch die weiße Haut mit entfernt wird, und in Scheiben schneiden. Aus dem Granatapfel die Kerne herauslösen. Den abgekühlten Teigboden mit der Creme bestreichen, mit den Orangenscheiben und den Granatapfelkernen belegen.

5 Für den Guss den Orangensaft durch ein Sieb in einen kleinen Topf gießen, mit dem Zucker und der Stärke glatt rühren und unter Rühren langsam erhitzen. Einmal aufkochen und etwas abkühlen lassen. Den Guss über den Kuchen verteilen, den Kuchen mit Pistazien bestreuen und 1 Stunde kühl stellen.

Hefepfannkuchen
mit Walnussfüllung

Heiß geliebte Favoriten: Mit Rosensirup beträufelte Pfannkuchenpäckchen machen Crêpes, Palatschinken & Co. süße Konkurrenz

Zutaten

300 g Mehl
1 TL Trockenhefe
Salz
120 g Zucker
1 EL Zitronensaft
1 TL Rosenwasser
(aus der Apotheke)
80 g gehackte Walnüsse
2 EL Rohrzucker
1–2 Msp. Zimtpulver
Butterschmalz zum Ausbacken

Zubereitung

FÜR CA. 20 STÜCK

1 Das Mehl mit der Hefe und 1 Prise Salz in einer Schüssel mischen. Langsam etwa 350 ml lauwarmes Wasser untermischen und alles zu einem glatten Teig verrühren, der die gleiche Konsistenz wie Pfannkuchenteig haben sollte. Den Hefeteig an einem warmen Ort zugedeckt etwa 1 Stunde gehen lassen.

2 Den Zucker mit 120 ml Wasser und dem Zitronensaft unter Rühren aufkochen, bis sich der Zucker vollständig aufgelöst hat, und einige Minuten einköcheln lassen. Das Rosenwasser unterrühren und den Sirup abkühlen lassen.

3 Den Backofen auf 200 °C vorheizen. Die Walnüsse mit dem Rohrzucker und dem Zimtpulver mischen. In einer kleinen Pfanne etwas Butterschmalz erhitzen, etwas Teig hineingeben und rund verstreichen. Den Hefepfannkuchen auf der Unterseite 3 bis 4 Minuten backen. 1 bis 2 TL Nussfüllung daraufgeben, den Pfannkuchen über der Füllung zusammenklappen und die Ränder fest andrücken. Mit dem restlichen Teig und der übrigen Füllung ebenso verfahren. Die fertigen Pfannkuchen auf ein mit Backpapier ausgelegtes Backblech legen.

4 Die gefüllten Hefepfannkuchen im Ofen auf der mittleren Schiene 10 bis 15 Minuten backen. Mit dem Rosensirup beträufelt servieren.

Tipp

Bei diesem Rezept wird der Hefepfannkuchen nur auf einer Seite in der Pfanne gebacken. So kann man ihn leichter füllen und die Ränder haften besser aneinander.

Lawaschbrote
auf klassische Art

Zutaten

500 g Mehl

1 TL Salz

50 ml lauwarme Milch

Mehl für die Arbeitsfläche

Zubereitung

FÜR 8–10 BROTE

1 Das Mehl mit dem Salz mischen und mit der Milch und etwas lauwarmem Wasser mit den Händen etwa 15 Minuten zu einem elastischen Teig verkneten. Den Teig abschlagen, sodass er eine elastische Konsistenz bekommt.

2 Den Teig in 8 bis 10 Portionen teilen und diese auf der leicht bemehlten Arbeitsfläche jeweils hauchdünn ausrollen. Die Teigfladen in einer beschichteten Pfanne ohne Fett bei mittlerer Hitze auf beiden Seiten hellbraun backen, dabei mehrmals wenden.

3 Für größere Lawaschbrote die Teigportionen rechteckig ausrollen und auf einem mit Backpapier ausgelegten Backblech im vorgeheizten Backofen bei 250 °C auf der untersten Schiene 20 bis 30 Minuten backen. Damit sie nicht zu stark bräunen, die Brote eventuell mit Alufolie abdecken.

Fladenbrote
mit Sesam

Zutaten

1 Würfel Hefe (42 g)

500 g Mehl

Salz

Mehl für die Arbeitsfläche

Öl fürs Backblech

1 Eigelb

1 TL Zucker

1 TL Olivenöl

2 EL Sesamsamen

Zubereitung

FÜR 2–3 FLADEN

1 Die Hefe zerbröckeln und in 1/4 l lauwarmem Wasser auflösen. Das Mehl mit 1 Prise Salz und der Hefemischung mit den Knethaken des Handrührgeräts zu einem elastischen Teig verkneten. Den Teig zugedeckt an einem warmen Ort 1 Stunde gehen lassen, bis er sein Volumen etwa verdoppelt hat.

2 Den Teig auf der bemehlten Arbeitsfläche nochmals durchkneten, halbieren oder dritteln, zu Kugeln formen und diese zu flachen, runden Fladen mit etwa 20 cm Durchmesser formen.

3 Die Fladen auf ein gefettetes Backblech legen und mit den Fingerspitzen leichte Vertiefungen in die Oberfläche drücken. Eigelb, Zucker, Olivenöl und 2 EL Wasser verrühren. Die Fladen damit bestreichen und mit Sesam bestreuen, nochmals etwa 15 Minuten gehen lassen.

4 Ein zweites leeres Backblech auf die unterste Schiene im Backofen schieben und den Ofen auf 220 °C vorheizen. Die Sesamfladen im Ofen auf der mittleren Schiene 5 Minuten backen. Dann etwa 200 ml Wasser auf das untere Backblech gießen und die Fladenbrote etwa 15 Minuten goldbraun fertig backen.

Rezeptregister

Impressum

1. Auflage 2009
ISBN 978-3-89883-249-6

Grafische Gestaltung: Georg Feigl
Rezepte: ZS-Team
Redaktion: Katharina Lisson, Martin Kintrup, Kathrin Ullerich
Herstellung: Karin Mayer, Peter Karg-Cordes
Lithografie: Christine Rühmer
Druck & Bindung in Italien

Bildnachweis

Umschlagfotos: Martina Görlach (Vorderseite); Andrea Kramp & Bernd Gölling (Rückseite Mitte); StockFood/FoodPhotography Eising (Rückseite oben und unten);

Andrea Kramp & Bernd Gölling: 9 unten, 15, 25, 89, 97, 99, 103, 105; Jana Liebenstein: 13, 31, 39, 40–41, 43, 49, 81, 109; StockFood/Steve Baxter: 106; StockFood/Harry Bischof: 52; StockFood/Michael Boyny: 120; StockFood/Rua Castilho: 55, 114; StockFood/Jean Cazals: 30, 101; StockFood/Susie Eising: 78, 93; StockFood/Foodcollection: 6 links, 71, 111, 126, 127; StockFood/FoodPhotography Eising: 1, 2–3, 7 (3, 6), 8, 9 oben und Mitte, 10–11, 17, 19, 22, 23, 27, 29, 33, 35, 37, 45, 47, 51, 59, 60, 63, 65, 67, 73, 75, 77, 86, 87, 91, 92, 94–95, 107, 113, 115, 123; StockFood/Alena Hbrkovà: 68–69, 83; StockFood/Winfried Heinze: 7 (4), 53, 57, 79; StockFood/Dave King: 7 (2); StockFood/Kolabas, Hulya-Visual Türkey: 61; StockFood/Joff Lee: 16; StockFood/Jörg Lehmann: 7 (7); StockFood/Louise Lister: 7 (5); StockFood/Barbara Lutterbeck: 125; StockFood/Maximilian Stock Ltd: 4–5; StockFood/Antje Plewinski: 100, 117, 119; StockFood/Giorgio Scarlini: 121; StockFood/Shaffer/Smith Photography: 21; StockFood/Ellen Silverman: 85; StockFood/Sporrer/Skowronek: 6 rechts